国家出版基金项目
NATIONAL PUBLICATION FOUNDATION

丁钢 / 著

中国教育思想文库

声音与经验

教育叙事探究

教育科学出版社
·北京·

目　录

第一章　教育研究的叙事转向

与国内外人文社会学科的反思观点相一致，复杂多变的中国教育状况同样要求研究者调整自己的视野，也就是将研究真正转向中国教育空间内的各种人物、机构与事件，实验现实主义的教育叙事。由此必然还要涉及叙述风格的转换，这一转换意在克服运用理论语言进行教育学写作的局限，为普通教师、学生以及其他读者提供一种能让他们参与进来的生活语言风格的研究文本。

一、理论与事实之间的叙述紧张

从分析哲学的盛行，到后现代主义的兴起，当代西方理论界大抵经历了这样一种研究范式的转换，即由寻求一种"真正科学"的研究方式，到承认、区分各种学术路向的解释功能。而另外一些理论尝试，如"文化研究""知识社会学"，则从"社会语境"（social context）的角度，证明以概念界定、量化、程序化、因果关系为基础的"逻辑实证（推演）主义"学术习惯实际上是研究者屈服于现代性的"工业－技术"社会体制所带来的必然结果。换言之，与其说人文学科领域的"科学研究"是在如实地描述、分析现代社会文化的真实状况，还不如说只是为了完成现代性的体制权力所施予它们的任务。事实上，真实状况远没有被逻辑话语描述穷尽。

逻辑实证（推演）主义的理论话语与现代体制权力之间的一体性意味着要想突破这种强势话语绝不是一件轻而易举的事情。早期的反现代性文化尝试（卢梭、尼采、克尔凯郭尔）就已表明超越者往往只能退居社会的边缘地带，但是，颇具悖论意味的是，即便这样，对逻辑话语的攻击以及理论创新实验仍然保持着有增无减的势头。在它们当中，有的是为了回到工业革命以前的安宁状况（威廉姆斯），有的是为了真正实现启蒙运动确定的现代性理想（哈贝马斯），有的则是为了找到一种普鲁斯特式（非逻辑）的思想与语言将个人的生存感受表达出来（海德格尔）。应该承认，这些尝试都可以为人们在逻辑话语之外确立某种新颖的思考及写作路径提供指南，但是，较之逻辑实证（推演）主义话语，这些努力并不能让人们知道更多的事实真相。它们同样是从外部来评价现代社会，也就是根据朦胧的记忆、某种完美的理想以及个人的情感，来对现代社会的整体状况展开分析、批判与筹划，至于现代社会中的复杂行为关系以及不同人群在此生存空间中的感受、渴望，则并不在它们的描述范围内。或者说，人们大可以依据另一种记忆、理想或感受来对现代社会展开分析，所谓女性主义、环境主义、消费主义等理论创新活动，便表明了这一点。如克劳夫所言，女性主义的立场乃是建基于私人生活领域的妇女身份，然后向外扩展到公共领域的妇女身份。女人不仅有着不同于男人的理解，而且从女人的经验出发，能够对现实做出更为准确的再现(Clough，1994)[74]。这一观点将抹去日常生活中的私人性与公共性之间的差异，进而生产出有关社会世界的具有性别色彩的地方性知识，向人们展示家庭制度是如何通过不断复制文本话语塑造她们的日常生活的 (Smith，1993)。

　　然而问题依然存在，包括女性主义、后现代主义阵营中的许多理论实验在内的话语创新活动同样也没有消除理论与事实之间的紧张。只不过，与分析哲学盛行的时候相比，这种紧张已不再表现为理论与事实之间的"绝对符合"（理论怎样才能像数学、物理学的真理那样被事实"验证"），而是表现为理论与事实之间的"有限表达"（理论怎么可能描述所有人的生存体验）。事实上，这里之所以存在紧张，很大程度上是由"求知者"本人的"求知意志"造成的。在前者那里，紧张来源于事先在内心假定有一种如数学般完美的人文思想与语言，可以用它来发现、表达社会事实的真理；而在后者那里，紧张则来源于舍不得放弃自己的记忆、理想与感受，以一种"虚空"的心态走入生活世界，让生活世界中的思想与语言来填补自己的"虚空"。显然，伽达默尔（Hans-Georg Gadamer）、列维-斯特劳斯（Claude Levi-Strauss）以及日常语言学派都从不同侧面注意到了这一点，并推出过"视界融合""宽容"等思想和情感措施来重构人文学者的"求知意志"，以求最大限度地消除研究者与作为研究对象的文化社会事实之间的叙述紧张。但是，叙述紧张仍旧难以被这些思想、情感措施消除。只要人文学者不肯放弃自己的观念、记忆、理想与价值，这种紧张就无法克服。

从这一意义上讲，分析哲学之后的各种尝试，包括文化研究、存在主义、女性主义与后现代主义等，只是使得理论界以及大学人文教育的格局变得比以往更加复杂多样，思想争论也随之更加激烈了而已。然而，需要指出的是，新出现的各种思想与声音所代表的无疑仅仅是"知识分子"在当代社会中的处境、感受与渴望，而不是普通大众的处境、感受与渴望。在

德国哲学家伽达默尔

理论界"流通"的不是普通大众的声音（Feyerabend，1978）[13-16]，或者说普通大众的处境、感受以及渴望都归于了"沉默"。

结构主义哲学的创始人
列维－斯特劳斯

面对这种复杂的知识状况，许多研究者纷纷打出"相对主义"甚至"怎么都行"的旗号，以避免各种主义之间的冲突，但就本质而言，研究者这样做的初衷与其说是为了依靠相对主义揭示更多的社会真相，还不如说只是为了使自己的思想能够在理论界生存下去争取一种和平背景。换句话说，研究者关心的乃是通过生产某种"角度新颖的理论"在"主义林立"的知识界确定自己的"学术形象"（academic image）。另一种值得注意的倾向是所谓的"理论整合主义"。这类研究者一方面觉得声望日渐高涨的结构主义虽然是当代理论界可以用来解释社会状况的有效工具，但却冷落了研究者的个人情感（Baert，1998）[3]；另一方面又想重建被利奥塔尔（Jean-Francois Lyotard）摧毁了的"宏大叙事"，以求重新勾勒一种能够解释人类社会"一般规律"的理论框架。然而，正如有的批评者已经指出的那样，整合主义所从事的是一项理论乌托邦性质的活动，往往会由于当代各种理论的纠缠而陷入思想的"死胡同"（Baert，1998）[201]。即使研究者可以草率地勾勒出一种解释人类所有生活的宏大叙事，这也是一件危险的事情，因为一旦它被体制吸纳，就会成为界定、规训所有人的日常生活的知识（教化）权力（Foucault，1994）[119]（鲍曼，2002）[276]。

至此可以看出，无论是维护话语自由的相对主义，还是试图再现逻辑推演力量的整合主义，都不足以消除理论与事实之间的紧张，究其原因正在于这些努力的重心仍是放在理论建构上。只不过前者是将研究者（知识分子）个人对现代社会的看法、感受和诉求提升为某种主义理论，然后又用理论语言将它写成论文，而后者则试图在吸收各种理论的基础上，勾勒出一种能够解释人类社会整体的理论框架。但是，无论怎样围绕理论打转，它们都无暇"走入事实"，更不要提让那些没有"理论能力"但却同样拥有生活、感受与渴望的普通大众扮演"学术戏剧"的主角。正是从这一点出发，西方人文社会学界以及教育研究领域掀起了一股可以称为"转向叙事"的学术浪潮，其基本立场是现实社会生活领域的复杂行为关系及其随时间流动的变迁特征不是任何一种理论框架所能解释得了的，在这种情况下，研究者只能通过"叙事"（尤其是让社会上的各色人等自己言说）来接近、表达社会生活的真相。

毫无疑问，人文学科领域的这种转向，也就是扬弃各种经典的理论框架，转向叙述社会事件本身的关系性与流动性。而在教育研究领域，叙事的焦点同样也是放在基层的教育经验上，包括普通个体的成长历程、普通教师的生涯和专业发展等。教育叙事者认为，人类经验基本上是故事经验，而无论是科学化的教育研究还是各种人文观念主导下的教育研究，都不能揭示人类经验的故事性，但是叙事研究可以实现这一点，并能使最后的文本意义向每一位事件参与者和普通读者敞开（Connelly，Clandinin，1994a）[4046-4051]。人们经验的表述或叙述，尤其在没有文字、口耳相传的年代都是一种叙事。叙事可以借助文本向每个实践的参与者和读者摊开，也就是说叙事提供给我们的文本并不像思辨一样斩钉截铁，每一篇文章都在告诉我们真理，叙事的研究结果并不标榜自己是斩钉截铁的真理，而是让读者可以参与进来，可以以自己的方式去理解。叙事采取了多义的诠释方法与多角度的切入，给我们一个开放的空间。

　　教育叙事的转向从根本上说是基于现实生活中复杂的行为，也就是说我们并不能通过一个理论框架去解释它。我们可以从任何一个框架切入，但任何一个框架都不能完全解释实际上的经验实践，所以我们必须有一个恰当的呈现方式，这个呈现方式就是叙事，尤其是让社会上各方面的人自己去叙述，因为通过这样的方式可以接近我们的社会生活，真正揭示我们社会生活的真相。

二、教育叙事何以可能

那么，教育研究究竟是为理论本身而存在，还是为教育的实践活动而存在？也许回答这个问题并不难。但实际上，教育实践活动的经验形态在理论表述中往往容易在可编码的修辞过程中被不知不觉地抽干和掏空，当这些经过修辞的理论返回实践时，教育活动或经验本身就可能已经被遮蔽，以至于出现理论面对实践推动的尴尬境地。为此，我们不得不再次回到如何在教育研究中进行教育叙述的问题上来。

在这里，"教育叙述"是指所有关于教育的理论与事实的话语，无论其是理性的、哲学的、科学的，还是经验的和描述的。若从归纳和演绎的语言逻辑，或思辨和实践的知识叙述来看，它大概可以划分为思辨形式的、试图安排人类精神和生活的"宏大叙述"（grand narrative），以及关注个体和群体内在世界与经验意义的"经验叙述"（experience narrative）。

英国剑桥大学教授吉登斯

首先，我们可以看到，在大量的教育叙述文本中，传统与现代、东方与西方的比较叙述，以及思辨逻辑的叙述已经成为一种叙述样式。在这种宏大的叙述中，直接关注现实和实践细节的变化往往被有意无意地忽略或过滤掉了。于是，理论如何联系实际，成为一个恒久而常新的问题。因此，我们很难将这种貌似总体、完整的叙述联系到具体而复杂的实践操作层面。然而，现在比过去"现代"，这只是一种"简单现代化"。关于这点，英国社会学家吉登斯（Anthony Giddens）倒也明察秋毫。他认为，在今天，传统和期望相互混杂为可以修改和富有弹性的资源，成为知识、价值观和道德的可供选择的替代来源。我们进入了一个"反射性的现代化"（或称为"社会反射性"）的社会：我们的生活环境日益成为我们自己行动的产物，我们的行动反过来越来越注重应付我们自己所造成的风险和机遇，或对其提出挑战（吉登斯，皮尔森，2001）[16-17]。从"风险社会"的角度看，在政治学意义上的单一政策制定，要求全体公民来承担，会使决策、责任与后果的承担呈现不一致；在教育学意义上的自我判断，也会使理论、实践及其后果承担出现不一致。因此，那种强调完整性、同一性和同质性的理论形态，面对现实实践的多样性，多少显得有些虚幻而惆怅。

其次，正如利奥塔尔所指出的，柏拉图已经试图使科学话语合法化。而合法化的叙事有两大版本：一为政治，二为哲学。两者结合的典型便是洪堡（Wilhelm von Humboldt）对教育的看法。洪堡认为，教育不仅要让个人获得知识，而且还要为知识和社会建构充分合法的主体。它由三重愿望构成："'一切都来自一个本

法国哲学家利奥塔尔

德国教育家洪堡

原'——与它对应的是科学活动；'一切都归于一个理想'——它支配伦理和社会的实践；'这个本原和这个理想合为一个观念'——它保证科学中对真实原因的研究必然符合道德和政治生活中对公正目标的追求。合法的主体在最后这种综合中建立起来了。"（利奥塔尔，1997）[69-70]

这种思辨叙述，到今天我们依然可以屡见不鲜。按利奥塔尔的说法，它制造出来的其实是一个元叙事，当知识以"生命""精神"命名，所有可能存在的知识话语都没有直接的真理价值，它们的价值取决于在"生命""精神"进程中占据的位置。因此，真实的知识永远是一种由转引的陈述构成的间接知识，这些转引的陈述被并入某个主体的元叙事，这个元叙事保证了知识的合法性（利奥塔尔，1997）[72-73]。由此，"学者变成科学家，高产出的研究任务变成无人能全面控制的分散任务"（利奥塔尔，1997）[85]。

法兰西学院院士、社会学家布迪厄（Pierre Bourdieu）揭示过"学究谬误"（scholastic fallacy），即用逻辑的实践代替实践的逻辑（布迪厄，华康德，1998）[167]。学者们似乎都习惯于根据一些归纳逻辑，从事一种对整个人类社会现实具有"诊断－治疗"性质的论文写作。在布迪厄看来，我们必须建构一种理论，这种理论既能阐明实践逻辑的原则，也能阐明理论分割及其设

法国社会学家布迪厄

定和产生的距离，但不管怎样，它能使我们摆脱对实践的描述常造成的理论失误（布迪厄，2003）[165]，尽管布迪厄本人也没有设计出一种有效的研究策略或叙事方式来展现动态过程中的实践逻辑。从求知的角度来讲，试图仅仅以理论话语揭示事实真相反而会妨碍事实真相的表达，这不光是因为能够说明人类社会实际状况的，不是超越时间的概念或概念体系，而是带有时间性的生活叙事，更是因为生活语言的缺失，所涉及的其实是生活中的人只能继续陷于沉默。

因此，理性的知识不仅仅是认知式思辨，还应包括实践本身。同样，教育思辨的理论方式不等于教育经验的理论方式。作为另一种人们已经久违和淡忘的叙事，它以一种非思辨而看似零碎的方式，被置于一种"非合法化"的地位，这就是经验叙事。

面对宏大思辨叙述、实证哲学，过分信赖经验分析的范式、过分依赖技术理性为实践开处方，以及专家引导、自上而下的学术与改革等方面的危机，现在也有一些文章在争论教育叙事这种转向是不是好，但不管是同意还是反对，首先要看对于理论与实践关系的叙述动机。加拿大多伦多大学的康奈利（Michael Connelly），把叙事引入教育研究当中已有二十多年，他和合作者克兰迪宁（Jean Clandinin）先后获得美国教育研究协会（AERA）的终身成就奖。[①] 他们在二十年合作研究的成果基础上，合著了一本谈论方法论的书，就是《叙事探究》（*Narrative Inquiry*）。当然它不是单纯谈教育的，实际上还在谈其他一些理论以及叙事的研究与人文社会科学的关系。其中一部分涉及教育叙事。这里面提出一个问题，也就是教育研究的困境。他们认为，教育研究的困境之一，即

《叙事探究》

---

① 康奈利是加拿大多伦多大学安大略教育研究院教师发展中心主任、教授，1999年获美国教育研究协会终身成就奖；克兰迪宁是加拿大阿尔伯塔大学教师教育和发展研究中心主任、教授，美国教育研究协会前副主席，2000年获该协会终身成就奖。两位学者是在教师个人实践知识和教师专业知识图景方面的长期研究的共同负责人。

教育研究越是精确，其与人类经验的联系则越少。人们不禁要问：究竟是谁在说话？如何才能听到"沉默的大多数"（比如学生、教师、家长等）的声音？将宏大规划、理想与项目驱动的方式转变为实践驱动、学校为本和以人为出发点的方式，这正是近年来国际社会科学和教育学界兴起一股以描述和诠释社会经验现象为特征的叙事探究热潮的原因。

　　丹麦奥胡斯大学的教授曹诗弟（Stig Thoegersen）提出过一个也许令人意想不到的问题：中国教育研究重要吗？他认为，中国的教育无疑是重要的，中国是一个人口大国，教育研究当然重要，但是中国教育研究又在怎样进行呢？比如他到梁漱溟原先搞乡村建设的地方——山东省的邹平县去做研究，"文化大革命"时去了，"文化大革命"结束以后也去了，他后来写了一本关于中国农村教育的书，即《文化县：从山东邹平的乡村学校看二十世纪的中国》（2005 年）。在《中国教育研究重要吗？》（曹诗弟，2002）一文中，他写道，当他从农村调研——实际上是采取人类学的方法做田野工作——回来后，有一位教授对他说，你要这个数据就到县里去拿，县里的各种统计数据可以直接用于分析。他感觉很奇怪，但他也似乎恍然大悟：中国的有些教授原来是这样想的，原来中国的教育研究也能这样来做。他认为作为一个学者来说，并不能仅采用官方的统计数据，而需要自己去掌握第一手材料，这才叫研究。如果只对官方的数据进行分析，那这谈不上研究，所以他认为，如果是这样的研究，中国教育研究的确不重要。此外他对《教育研究》上发表的所有文章做了归类统计后，同样提出这样一个疑问：中国教育研究重要吗？对此，我们要反思，研究有没有真正地涉及中国的问题、自己的实践。其实改变自上而下的视角，自下而上去看问题是一种思潮，人类学也是这样一种视角：自下而上去寻找问题，寻找理论的答案。我们应该深入到实践中去，这并不是说一定要到课堂中去教学。我们要进入科研，就要进入学校，进入教学场地，如此我们才能了解我们的教师、学生，包括校长及各方面的人在学校教育这个大的环境当中的想法和所作所为。但是在非常精致的理论文章面前，我们往往得不到问题意识和对解决问题的实际思考，而且在大量的研究中，我们听不到来自基层的教师的声音、学生的声音、校长的声音，甚至连研究者自己的声音都没有。如果在文章中说一些杂乱的话语，说的都是别人的话，那么，这样的教育研究虽然看上去"精确"，但离我们的经验越来越远，实际上我们看到的很多文章呈现的是浮躁，只是概念的演绎。

因此，教育叙事探究（narrative inquiry in education）是从质的研究（qualitative research）出发，相对于以往所谓科学化的研究而言，强调与人类经验的联系，并以叙事来描述人们的经验、行为以及作为群体和个体的生活方式。

　　叙事既是一种推理模式，也是一种表达模式。人们可以通过叙事"理解"世界，也可以通过叙事"讲述"世界。（Richardson，1990）

　　叙事主义者相信，人类经验基本上是故事经验；人类不仅依赖故事而生，而且是故事的组织者。进而，他们还相信，研究人的最佳方式是抓住人类经验的故事性特征，在记录有关教育经验的故事的同时，撰写有关教育经验的其他阐述性故事。这种复杂的撰写的故事就被称为叙事（narrative）。写得好的故事接近经验，因为它们是人类经验的表述，同时它们也接近理论，因为它们给出的叙事对参与者和读者有教育意义。（Connelly，Clandinin，1994a）[4046-4051]

　　事实上，理论更注重理解。如果读者也能参与到对意义的理解中来，这是作者最大的荣幸，否则你就要说服他，如果他不同意，还要与其争辩。其实应该让他自己去理解。有的时候我们会有一种感觉，就好像我们去看一个现代画展，观者都可以有自己的理解以及权利。

　　可以说，叙事探究作为在科学与人文这两极之间的一个中间道路，已逐渐成为教育研究中的一个核心学术话语方式。其对教育的重要意义在于：它把有关生活性质的理论思想引入活生生的教育经验之中，并通过生活（如教与学）经验的叙述促进人们对于教育及其意义的理解。

我们也可以看到，在西方，那种强调规律性，以确定和发现"真理"的宏大叙述方式，已经产生了合法化的危机。为什么这就是真理？如果这种真理根本就是不切实际的或虚幻的，那么合法化就会出现疑问，而合法化也容易成为一种迷信，同时使权威成为真理的化身，使同一化或同质化得以强行推行。因而，"祛魅"就成为必然。应该说，这种叙述话语可以有自己的规则，但并不具有管理实践的使命。只有这样，这种话语才能与其他话语地位平等，形成与教育变革实践和发展积极对话的可能。

同样，经验叙事强调的不是形式、规律，而是经验的意义。其尊重每个个体的生活意义，主要通过有关经验的故事、口述、现场观察、日记、访谈、自传或传记，甚至书信及文献分析等（关于这些在后面还将论述），来逼近经验和实践本身。然而，我们也必须认识到，关于事物意义的一切说明都具有有限性。而只有当我们把这种叙事看作"我们的经验、行为以及作为群体和个体的生活方式"（Carr，1986）[184] 时，这种叙事才不再仅是主观意义上的产物。

也许我们可以用康德二律背反的方法去看待两种叙述在认

识上的有限和无限，但只有当两种叙述平等对话成为可能时，两种叙述对教育研究本身才具有真实的意义。

三、教育研究领域的叙事实验

20 世纪中后期特别是 80 年代以来，西方的叙事学理论对中国人文社会学界产生了重要的影响，尤其在开阔研究视野和拓展研究方法方面，对许多学科都具有一种推动的作用。叙事在国内学界已是一个相当热门的话题。

近年来中国人文社会学科以及教育研究领域也出现了一定规模的叙事转向。而且转向的理由同样来源于反思理论话语的叙述局限及其危险，以及思考到底怎样才能接近、表达中国社会与教育的真实状况。在社会学领域，有的学者在发觉常规的社会学理论框架根本不能把握"实践状态的社会现象"之后，提出了以"过程事件分析"为核心的叙事社会学，其基本倾向是"强调一种动态叙事的描述风格。这就意味着，首先需要将研究的对象转化为一种故事文本"，从而"呈现"社会行为关系的结构、机制以及各方用来维持、处理行为关系的人为策略（孙立平，2001）。在经济学领域，继提出引入历史、文化变量，来丰富单纯以"成本效益分析"为思考线索的经济理论之后，又出现了类似叙事社会学的写作实验，也就是对日常生活领域的经济现象进行详细的描述。这样做不仅揭示了经济行为的真实逻辑，而且突破了"经济学的叙述空间"，诸多常规经济理论无法解释的偶然因素都可以被经济叙事清晰地表达出来（周勇，2002）。

此外，在历史学领域，同样可以听到叙事转向的呼声，所谓"见之于行事"。这种呼声首先指出历史学的理论尴尬：一方面现行的"框架体系并不十分令人满意"，另一方面又没有足够的研究实验来支持框架体系的修改。在这种尴尬的处境中，叙事一点一滴地对中国社会"中下层机构、群体、人物和事件"进行深度描述，比如，省府县行政机构的运行状况、各类社会群体（尤其是那些"沉默的大多数"，包括私塾教师、缠足女子）的日常生活状况、城乡风俗的变与不变、各区域文化的异同、乡镇士绅的社会角色等。显然，叙事呼声是为了改变历史学的浮华风气。这股风气认为，现代历史学的理论创新在于直接引进西方的各种前沿理论，来取代过去的理论体系。而叙事尝试认为现代历史学的理论创新必须建立在对中国近现代历史有更深刻的了解之上，随着对中国历史的了解更加全面深化，历史学的理论体系自然就会得到更新。（罗志田，2002）

作为人文学科的分支，当代中国教育学同样"感染"了与国内外其他人文社会学科相类似的理论尴尬，以至于有人认为，要想消除理论与中国教育现实相分离的状况，必须将赫尔巴特式的教育学"终结"掉，转而从现实中捕捉问题（吴钢，1995）。这里或许没有充分考察两种教育话语的差异，即"教育设计"与"教育研究"。赫尔巴特的教育学诞生于"现代民族－国家"形成之际的"多事之秋"，它试图在工业革命与民主革命的双重冲击下，通过国家的教育行动建构统一的社会文化秩序。在这种处境逼迫下的教育学自然只能根据某种文化理念（道德）和策略（心理学）来思考应该传递什么样的知识以及如何传递这些知识，由此路向而产生的教育学正是缺乏现实关照的"教育设计"。很明显，教育研究是另外一种学术活动，在迪尔凯姆（Emile Durkheim）那里，可以发现它最初表现为社会学家的理论活动：从社会学的视野出发，观察现实中的教育活动及其与现实社会状况之间的关系。迪尔凯姆发起教育学的社会学转向，是为了克服赫尔巴特式的教育设计的"弊病"，也就是说决不能仅仅根据哲学、伦理学或心理学来进行教育设计，而应

法国社会学家迪尔凯姆

将教育设计建立在对现实教育与社会事实的充分了解的基础上①。

当代中国教育学的主流话语仍集中指向"教育设计"，只不过，理论基础与赫尔巴特时代的教育学有所不同，即启用了人文主义、存在主义、生命哲学以及现象学、解释学等来重构教育的目的与方法。无疑，这种活动无法避免迪尔凯姆揭露的"弊病"。有的学者意识到了这一点，然而人文主义、存在主义、生命哲学等表达个人精神与理想的话语，即使去实验"教育研究"，也常常只能做到从外围对中国教育现状展开文化批评，认为当下的教育缺乏"意义"、"对话"与"理解"，没有让教师和学生实现"诗意地栖居"。另一些人则试图真正沿着迪尔凯姆当年指引的"教育研究"方向，依靠引进社会学、人类学或文化研究，以求勾勒一种能够"走入"中国教育现实（历史）的理论视角（周勇，2000）。但面对中国教育空间，眼前尽是文化、

---

① 钱民辉在《涂尔干的社会学方法论与教育研究》一文中认为："对于涂尔干来说，教育是一种社会事实，正如他所说的'作为一名社会学家，我将向你们提到的教育问题是一个社会学家首先要考虑的问题。而且，从这种路径入手，远远不同于用一种偏狭的参照框架去处理现象，反过来说，我相信目前依然没有更合适的方法能够揭示这些现象的真正本质'。其实，涂尔干将教育问题纳入到社会学中，并不是想解决教育学问题，而是想构建一门社会学的分支学科，尽管当初他是以'教育科学'命名的。这种教育科学不同于教育学，可以在涂尔干对赫尔巴特教育学思想的批评中看到。这种教育学把个人作为教育的对象——教育的目的是使每一个个人达到构成人类品质的可能最完善的最高点，如果仅依靠抽象的教育理想而不顾及历史条件和社会条件如何，这是十分错误的。"（钱民辉，2005）还可参见涂尔干. 道德教育 [M]. 陈光金，沈杰，朱谐汉，译. 上海：上海人民出版社，2001.

区域与群体之间的差异，以及事件本身的流动性和模糊性，怎么可能事先勾勒好一种解释有效的理论框架？问题显然是出在围绕理论打转上，一味地凭借想象力或理论阅读来完善考察视野的勾勒，并不能将中国教育的真实状况揭示出来，而只有先走入中国教育，先将中国教育时空中的人物、事件描述出来，才有可能获得对中国教育的理解。

可以说，中国教育研究遭遇了其他人文学科都曾遭遇的"麻烦"。或许正因为这点理论共性，人们会把希望寄托在"叙事"上。从近来的状况看，已经出现了好几项关于中国教育的叙事研究实验。实验者都是从自己熟悉的中国教育人物与事实入手的，包括知名教育家的生活故事、普通教师的教育经历、普通校长的办学历程以及私塾教师的社会生活等（丁钢，2001-2007；丁钢，2002）。①

这里仅以"知名教育家的生活故事"（许美德，2001）[1-74]为例，其中人物涉及六位中国现代教育家，时间跨度为1911年到20世纪末，通过时间划分的叙事安排，叙事者再现了教育家的求学、职业与生活历程，而西方文化、中国传统文化与中国

---

① 在教育研究领域，《中国教育：研究与评论》集刊（教育科学出版社出版）自创办以来，即把教育叙事研究作为其学术特色之一。多年来，集刊注重叙事理论和本土教育实践相结合，在教育叙事研究方面起到了先导和推动作用，并陆续推出了立足本土知识创新的一批教育叙事研究的力作，在我国教育研究领域产生了广泛的影响。

教育发展之间的复杂关联也随之被"事实地呈现"出来。这位叙事者原来习惯于用学术语言进行中国教育研究，但这样做常常不得不将中国教育领域里的许多细节内涵过滤掉，而使用叙事语言则不仅可以将自己关心的中国教育问题转换成一个生动形象的教育情境，使研究者和读者可以一起"身临其境"，像教育家本人那样去回忆、反思 20 世纪中国教育与社会发展的动荡历程，而且能够让研究者和读者一起分享只有叙事语言才可以点亮的个人或群体在此坎坷历程中的"生命颤动"——常常被理论语言遮蔽或删除掉的"生命颤动"。

从中国现代早期的教育叙事（比如叶圣陶创作的连载于《教育杂志》的《倪焕之》）来看，教育家的生活故事还可以写成另一种文本，表达另一些个人的教育感受与历史社会关系。就《倪焕之》的叙事结构而言，既要描写 1911 年以来中国社会（上海地区）发生的一系列变化，又要刻画在此期间一位热心于教育改革的现代教师的精神历程，包括对教育、政治、爱情的美好憧憬，这些理想最初受到校长、女友的支持，但是这点关系非常有限，学校里外的各色人等从各自的利益出发，形成了一个对这位教育家来说只能以"黑暗"来形容的复杂博弈网络，而教育家的梦想最终被黑暗的现实粉碎（叶圣陶，1979）。很明显，只有通过叙事，才可以解释学校里的各种人际行为关系以及各色人等随自身处境变化而采取的调整措施。叶圣陶的教育叙事虽然属于文艺作品，因而谈不上是学术意义上的教育叙事，但是他所描述的内容却符合迪尔凯姆所说的"社会事实"（social facts）[①]（迪尔凯姆，1995）[25, 34]，即能够反映普通社会群体的教育经验与感受，而在非叙事的教育学体系中，普通群体的教育经验与感受恰恰都被过滤掉了。

　　当然，对于学术体制内的研究者来说，叶圣陶式的教育叙事就必须将真人真事作为素材。康奈利等人曾指出，为了获取足够的真人真事，可以通过以下渠道积累教育叙事方面的素材，包括：现场工作、田野考察、口述史、各种故事、学校年鉴、个人纪念品、自传日记，以及访谈、书信、文献分析等（Connelly，Clandinin，1994a）[4046–4051]。总之，叙事者必须动用一切可能的经验资源，以求对事件的充分了解，而在熟悉事件之前，一切理论储备都应暂时悬置起来，因为事件的复杂性与流动性经常会超出理论的解释范围。事实上，在社会学领域，许多用来分析中国社会现象（比如农民生活、城市流动人口）的常规理论在叙事社会学的写作过程中都被证明不能解释中国社

[①]　关于社会事实，迪尔凯姆在《社会学方法的准则》这本书中指出，如果我们对社会事实做如下界说，这个定义就包括了它的全部内容：一切行为方式，不论它是固定的还是不固定的，凡是能从外部给予个人以约束的，或者换一句话说，普遍存在于该社会各处并具有其固有存在的，不管其在个人身上的表现如何，都叫作社会事实。迪尔凯姆认为，这类事实由存在于个人之身外，但又具有使个人不能不服从的强制力的行为方式、思维方式和感觉方式构成。

会现象。反过来，这也说明了为什么在学术上叙事研究常常会达到检讨并更新常规理论的效果（项飙，2002）。

就研究旨趣而言，之所以尝试教育叙事研究和提出"教育叙事"，并不是为了勾勒一种教育学批评，而是为了接近在中国教育时间／空间里发生的各种"真相"。因为在其中，有着各式各样的人物、思想、声音与经验，它们会聚在一起，构成等待我们去考察的教育事件，而这些事件的流动性及其复杂意义常常只有通过叙事方式才能表达出来，尤其是事件中的个人"生命颤动"的揭示。教育学这门学科和哲学、文学不同，教育学是实践性很强的学科，必须通过适当的方式来呈现。从教育学这门实践性很强的学科的自身需要看，也许教育叙事是更为合适的话语和理论方式。

教育叙事研究的考察对象是教育经验和现象。正如康奈利所言："为什么叙事？因为经验。"（Clandinin，Connelly，2000）[50]我们通常期望的理论构造努力能否解读众多且零散的日常教育经验及运作形式？反过来，众多且零散的日常教育经验和运作形式是否一定会遵循着某种理论的规则？如果不是，我们又该如何面对这些众多且零散的日常教育经验和运作形式？比如，当实践者和研究者争论什么是合适之时，争论就可能意味着实践者独立于研究者并参与实践群体的实践。因此，重要的不仅是教育理论的努力在如何塑造或不塑造实践和经验，教育实践者以经验方式对教育的主动参与也应该得到着力关注。

我们还需要区分两种类型的教育理论。第一种教育理论与"宏大叙述"相关，这种理论当然会去关注教育实践，但更关注的乃是教育实践如何服从它的构想，或者说，教育实践本身的情况到底是什么其实并不重要，重要的是教育实践如何按其设想进行。第二种教育理论与"经验诠释"相关，当然它并不想去解释全部的教育实践活动，关键在于，应该如何深入地了解和理解我们看似已经非常熟悉的日常教育经验，从中寻找教育理论自身发展的可能。

事实上，检讨、更新常规理论并非叙事研究的当然追求，对叙事研究来说，真正关心的还是事件本身，尤其是事件中所包含的那些"沉默的大多数"的生活状况与感受。这些人（而不是研究者）的处境与感受才是某一社会或教育空间中的主干现实内涵，而要将这些人的处境和感受表达成"话语"、"知识"或者"论文"，还涉及一个行文的风格问题，叙事研究者往往要经历一段从理论语言到生活语言的写作风格转换过程。

四、从理论语言到生活语言

自海德格尔发表《存在与时间》以来，当代西方理论界一直面临着叙述危机问题。而到维特根斯坦这里，解决危机的原

德国哲学家海德格尔

则方式则被确立为"对不可言说的，应保持沉默"。然而，语言真的这么贫乏吗？连海德格尔所提出的人在时间境遇中的存在状态（人在经历岁月煎熬后的种种感受）都不能表达出来？有趣的是，海德格尔或其他理论家的表述问题对于现代文学家来说根本就不是一个问题，对比一下《存在与时间》与《追忆似水年华》，便不难发现这一点。因此问题不在于语言，而在于什么样的语言。海德格尔曾攻击柏拉图以来的理性语言从没有描述过他所感受到的存在问题，但他仍只能以理论语言来写作《存在与时间》，以至于一般读者根本无法理解他和许多现代文学家谈的主题其实是一样的。文学大家昆德拉还曾为海德格尔缺乏文学化的叙事技巧而感到遗憾，也就是说，海德格尔本来没有必要为语言问题犯愁，因为他"在《存在与时间》中分析的一切伟大存在主题（假如它们被理性哲学所忽视）其实早已被四个世纪的小说所揭示、所展示、所阐释"（Kundela, 1988）[4]。

无疑，海德格尔的语言局限以及维特根斯坦式的幽默策略，都反映了理论界经常遭遇的思想与语言的错位：二者的发展总是不协调。一方面新思想被提了出来，另一方面新思想却由于理论语言传统的限制而很难得到清晰的表达。但是，另一些现代理论家，比如马克思、福柯，则总是能突破理论语言的限制，从而把原本枯燥的学术作品写得栩栩如生、波澜壮阔，而他们之所以能这样，正是因为非常注意行文风格的转换，也就是启用叙事语言进行写作。当然，他们这样做并非出于追求新颖的修辞，这样做毋宁说是出于日常生活领域里的人群、事件与感受只有借助于叙事语言才能表达清楚，在事实描述阶段就对语言进行刻意的理论化加工，必然会扭曲日常生活事实的本来面貌。对普通大众的日常生活来说，知识往往是以"权力"的形式发生作用，其根本原因也正在于此。普通大众根本不能进入那些描述、界定他们的理论话语体系，他们只能承受理论话语的界定。从这一意义上讲，叙事语言还承担着这样一种使命：使普通读者能够参与进来，并依据自己的经验和感受，对叙事文本进行评价。叙事文本所揭示的事实性内涵也会随之扩大，因为某一次叙事并不能达到对事实的充分表达，但是读者的进入，并与文本中叙述的事实进行对话，却可以使文本逐渐接近事实，而要保证读者可以对话，就需要使用读者习惯的生活语言。

就目前的主流学术研究而言，显然仍是理论语言一统天下。即便海德格尔曾提醒人们要描述现实生活中的问题，但理论语言的表述能力是非常有限的（按叙事者的经验，它只适合用于论文开头的理论背景介绍和结尾部分的开放性理论总结），而主流理论家却坚持认为必须将修辞色彩浓厚的生活语言从学术写作中清除出去。理由则如哈贝马斯（Jügen Habermas）所说，"就其纯粹形式而言，修辞要素仅仅适用于诗意表达"，"如果将真正的理性研究置于修辞领域，必然会导致理性批判之剑失去锋芒"。（Habermas，1987）[209, 310] 生活语言只适合个人的诗意表达，哈氏理性之剑的武断力量由此可见一斑。所以，毫不奇怪，当他的著作谈起生动活泼的日常世界时，会"没有一个经验案例"，结果只能"提供一幅乌托邦的图景"。（成伯清，2002）类似的倾向在吉登斯那里同样明显，尽管吉登斯很钦佩文学大师加缪关于现代生活的叙事作品，并且喜欢将加缪的叙事引入自己的学术著作，但吉登斯仍习惯于使用帕累托式的系统理论语言抽象地讨论现代生活。

关于生活语言，加登纳（Patrick L. Gardiner）有一段话值得推敲：

日常生活给我们的纷繁复杂的情形，也间接地反映在我们的日常语言的本质中。从实践的观点看，语言的主要用途包含了交流信息，表达要求，给出指示，提出建议，等等。它的作用就是要通过下列途径，使行动变得容易，即把世界的各种特征都加以分类，以使它们得到辨认，并把它们与我们过去的经验联系起来。而且，因为生活是极

其复杂的事情，如果我们要使生活具有意义并达到我们的
目的，就需要不断地简化我们的生活，同时不断地重新适
应我们的生活，这样，我们的语言就必须是可选择的，可
变动的，可调整的。(加登纳，2005)[6-7]

　　当人们处理日常生活中出现的需要解决的无数多变的问题
时，会根据常识行事，而根据常识行事，就意味需要根据过去
的经验。在这里，"常识"则是指在日常生活中的诀窍和权宜之
计，它们是松散而缺乏严格性的。但是，我们并不能因为日常
生活语言的这种本性而可以像哲学家般地对日常生活的语言加
以精确化和严格化，否则这种语言反而不能适用于生活经验的
表述，并导致理解的困境。"常识"不同于"专门知识"，对于
日常生活意义的理解，却可能产生于"常识"和"专门知识"
的对比语境之中。这构成了一种语言的张力，尤其对于教育研
究而言，当我们关注日常教育实践的活动时，就可能产生自身
的话语方式。

　　当我们试图运用因果关系与分析模式解释教育现象的形成
原因时，所使用的分析语言往往脱离了日常生活。在教育叙事
研究这里，所有导致结果的原因、路径、关系以及条件的研究，
都将来源于对活生生的经验的理解。

第二章 教育叙事的理论资源与辩证

美国社会学家米尔斯

社会学家米尔斯（Charles W. Mills）认为："在人的意识与其物质性存在之间，耸立着的乃是各种交往、图景、范式以及价值。正是这些东西对人类所拥有的意识产生了决定性的影响。"（Mills，1963）[375] 人类无法直接进入现实，众所周知，现实正是由各种再现形式间接表现出来的。这些位于人以及所谓"世界"之间的符号再现形式包括叙事文本等。我们不可能将世界直接抓在手中，我们只能认识世界的各种再现。

叙事是思想的基本活动（Hardy，1987）[1]，是表达人类存在意义的基本方式（Polkinghorne，1988）[11]。人们通过叙事来说明事情是如何发生的，它同时也是由自我认知转变成告诉别人的一种方式。当叙事者细致地讲述他说了什么、别人说了什么、接下来发生了什么的时候，他在讲述一个对他来讲有特殊意义的时刻。叙事者如何表述他们的历史，他们强调什么、忽略什么，他们作为什么样的角色出现，叙事者和倾听者在故事陈述中建立的关系，都影响着个体如何陈述他们的生活。通过在经验中寻找意义，然后表达这种意义，叙事者不仅让倾听者经历这种经验，同时自己也在反思经验（Polkinghorne，1988）[29-30]。叙事在这个意义上就不仅仅是信息储存，它更是个体看待经验、组织记忆、建构生命中的每一个片段的方式（Bruner，1987）。

然而，正因为叙事在自我形成以及文化的构建和转变过程中有着非常重要的作用，而叙事的组织原则与人们组织经验、知识的原则具有一致性，叙事探究被广泛应用于社会学、心理学、人类学、教育学等很多领域，所以了解叙事理论资源对于叙事理论的辨析就成为必要。

一、结构主义与文学叙事

结构主义的出现应该说来自索绪尔（Ferdinand de Saussure）的《普通语言学教程》。《普通语言学教程》自 1916 年出版以来，影响了整整一代人。索绪尔努力把语言学从经验主义和心

瑞士语言学家索绪尔

理主义的束缚中解脱出来，使语言学高度抽象化、系统化、形式化，以有利于其他学科采用这种语言学的纲要和方法，使之成为一种普遍应用的科学。对于人文科学的现代意义而言，结构主义应用的真正起点就是来自语言学的发展演变，而后来结构语言学为结构主义在诸多社会科学领域带来的震撼和革命，也大都是对《普通语言学教程》的阅读和反思的结果。

在 20 世纪，叙事研究是以不同的形式和我们相伴的，日益成为文学和文化研究中非常具体而连贯的专门学问。叙事学从一开始基本上是一种分析文学叙事的方式。兴起的结构主义也声称已经建立了一门叙事科学，一种能够应用于所有故事的充分描述法。

布鲁克斯说："我们的生活不停地和叙事以及讲述的故事交织在一起，所有这些都在我们向自己叙述的有关我们自己生活的故事中被重述一遍。……我们被包围在叙事之中。"（Brooks, 1984）[3]

而巴尔特（Roland Barthes）认为：

这个世界的叙事数不胜数。首先，用以叙事的各种样

式数量惊人，这些样式本身分布
在不同物质之中，就好像任何材
料都可以用来讲故事：口头或书
面的谈话、移动或固定的形象、
手势和所有这些东西的有组织的
混合体都可以支持叙事；在神话、
传说、寓言、故事、悲剧、喜剧、
史诗、历史、哑剧、绘画（试想
一下卡尔帕乔的组画《圣徒乌尔
苏拉传》）、彩色玻璃窗、电影、
连环画、新闻和交谈中都能找到

**法国思想家
巴尔特**

叙事。不仅如此，在这些几乎是无穷无尽的形式中，叙事
出现在所有的时间、所有的地方、所有的社会之中；叙事
伴随着人类历史的开始而出现；任何地方都没有也从未有
过没有叙事的民族；所有的阶级和所有的人类团体都有自
己的叙事，而这些叙事往往为文化不同的，甚至截然相反
的人们所享有；在好坏文学之中，叙事从不偏好好文学；
叙事是国际性的，它跨越历史，跨越文化，它像生活一
样，就在那儿。（Barthes，1988）[89]

尽管在很大程度上说，经典叙事学依然以文学作品分析为

主要对象，但结构主义的叙事研究为叙事研究的发展带来了富有意义的转折。与传统的文学批评不同，结构主义的叙事研究关注文本内部的结构规律及其各要素之间的关联，从而深化了对文本内在结构形态、运作规律和表达方式等方面的研究与认识。

不过，在带来意义的同时，由于结构主义叙事理论过分扩张了叙事的概念范围，其在不同程度上隔断了文本作品与社会历史文化环境的关联。为此，后结构主义和后现代主义则更为强调关注叙事的社会和历史文化语境的作用，同时注重叙事研究的跨学科性质，以求突破结构主义叙事研究的自身局限和方式。

如同科塔齐所指出的，结构主义叙事研究共同关心的问题可以概括为五种：（1）结构主义叙事模式把叙事界定为独立自治的研究对象用具体明确的规则和结构进行语义组织的一种方式；（2）它们提出了故事和话语的区别，叙事内容和特定叙事话语呈现或线性地呈现故事材料的方式的区别；（3）它们有时运用转换语法的视角区分深层叙事结构和表层叙事结构；（4）它们把任务重新描述为叙事行动素①，在叙事语段的展开过程中填充一些有限的典型插槽或参与角色；（5）它们关注的焦点是叙事单元的序列、组合和层次等更大方面的问题。

这些，在赫尔曼（David Herman）看来，虽然可以系统地描述叙事信息，但叙事信息的属性却被忽略了。他认为，结构主义叙事研究由于一直关注文学叙事，所以在自然语言数据、记录和分析这些数据的经验方法以及阐述这些数据并将它们与社会文化的其他实践相结合的理论模式等方面，依然没有什么根基。因此，必须将经典叙事理论置于新的语境之中。（赫尔曼，2002）150−151

在对后结构主义叙事理论的分析中，柯里（Mark Currie）承认，在当代叙事学中，叙事无所不在依然是一种普遍的认识。但叙事不限于文学，并且叙事研究范围的大规模拓展和研究对象的日益包罗万象，的确是叙事研究领域新变化的显著特点。日常生活中的叙事例证不仅包括结构主义叙事理论所设计的那些方面。

---

① 即指在被叙述行动的语段展开过程中有规律地反复出现并可以类型化的因素。普洛普（Vladimir Propp）最初把人物归入坏人、惠予者、英雄、帮助者等七种基本角色。后来的格雷马斯（Algirdas J. Greimas）把人物重新描述为行动素。行动素可分为六种可能的基本角色，即发送者、客体、接受者、帮助者、主体、反对者，这些基本角色由特定叙事情景中的具体行动者充当。根据这一模式，一个行动素可以通过若干个行动者来实现，反过来说，一个行动者可以充当若干个行动角色。

在更为学术化的语境中，人们都承认，在个人回忆和自我表述的个人身份表达中，或者在诸如地域、民族、性别等集团的集体身份的表达中，叙事都占有中心地位。人们一直对历史、法律制度的运作、心理分析、科学分析、经济学、哲学中的叙事有着广泛的兴趣。叙事犹如普通语言、因果关系或一种思维和存在的方式一般不可避免。（柯里，2003）[3-4]

然而，无论是结构主义还是后结构主义，当它们以为所有的叙事都有故事的时候，也抹去了包括历史、历史虚构以及小说在内的各种文本类型和体裁之间的差异。这种把历史纪撰和虚构杜撰相混淆的理论，也为后现代主义历史理论留下了基因。

二、后现代主义的挑战

故事是继承历史和历史哲学的时间手段，这决定了其在形成社会科学的叙事研究中起了特殊作用。但是，恰恰由于这种叙事方式，历史研究方法在叙事研究风靡之时甚至被压制了数十年之久。甚至在今天，在后结构主义和后现代主义不断突破经典叙事学的权威性的同时，经典叙事学的理论也为类似的理论方法搭起了舞台。正如道勒齐尔（Lubomir Dolezel）所言：

> 这种叙事学的"帝国主义"越过了早已确立的文本类型和体裁之间的疆界，特别是擦去了虚构杜撰与历史纪撰、虚构故事与历史叙事之间的传统分界。这是叙事学对法国结构主义之自我毁灭的贡献，这是发动后结构主义和后现代主义向历史完整性挑战所需要的弹药。（道勒齐尔，2002）[178]

　　这种弹药首先是由巴尔特提供的。他在其著名的《历史的话语》一文中把话语（discourse）分析运用于历史写作之中，认为历史写作是一种话语形式，并且明显存在着话语手段。而且语言一旦介入进来，事实就只能以语言的方式存在，这就构成了贯穿于历史话语独特性的整个问题的矛盾。于是，历史就像小说一样，它们的真实性知识来自精心的叙述、讲究的章法等。因为，正是通过这种话语，指涉物（referent）才成为外在于话语的某种目标性的东西，但是话语永远不可能在话语之外得到指涉物。由此，他提问道："在古希腊以来我们的文化里，关于过去事件的叙事基本上一直受历史'科学'的管束，一直俯就于决不肯俯就的'真实性'标准，一直接受'理性'说明原则的验证——难道这种叙述形式真的有某种特殊性，有某种毋庸置疑的特征，因而与我们在史诗、小说或戏剧里看到的那种想象的叙事不同吗？"（道勒齐尔，2002）[178] 巴尔特的答案自然是否定的。

后现代主义的挑战正是在这个基础上形成的。按照道勒齐尔的概括，后现代主义的挑战在于：（1）语言既然不能指涉语言外面的任何事物（世界、现实、过去），那么历史纪撰只能诉诸叙事，以使其话语具有意义和说服力，叙事代替了无能的语言，也是无能的语言的替代；（2）历史借用了从虚构中发展起来的叙事，历史叙事最终与虚构叙事无法区分。（道勒齐尔，2002）[179]

这方面的代表人物是怀特（Hayden White），他在其《元史学：十九世纪欧洲的历史想象》以及一系列的著述中形成了对历史学的后现代主义挑战。怀特认为，历史纪撰就所涉及的历史史实来说，和其他写作方式没有什么区别，历史纪撰中最重要的不是内容而是文本形式，形式其实就是语言，所以，历史是以叙事散文话语为形式的语言结构。他以为，历史著作中都存在着理想的共同叙事结构。

首先，历史著作的基本要素包括编年史、故事、情节编排模式、论证模式、意识形态模式。编年史和故事作为历史叙事的原始成分，是没有经过编排和选择的"数据"。但一旦经过编年史学家的排列和选择，其中的事件就具有了意义。不过，这

种事件是存在于时间之中的，因而还
不具有叙事性。只有当历史学家对这
种事件加以选择、排除、强调和归类，
将其变成一种特定类型的故事时，编
年史才能变成故事建构进而形成历史
叙事的过程。而且，历史事件的意义、
连贯性和历史性，正是在这种叙事性
中得以揭示和解释的。

美国学者怀特

其次，历史故事的编排和组织
经过三个共同的过程。一是通过情
节编排进行解释的过程。其中有四
种故事形式：浪漫（romance）、悲
剧（tragedy）、喜剧（comedy）和讽刺
（satire）。

《元史学：十九世纪欧洲的
历史想象》

比如，米什莱以浪漫模式建
构他的故事，兰克用喜剧模式，
托克维尔用悲剧模式，而布克哈特则用讽刺。史诗的情节
结构似乎是编年史自身的隐含形式。重要的是，每一部历
史，甚至最"共时的"或"结构的"历史，都必将是以某
种方式编排的。（怀特，2003a）[377]

二是通过形式论证进行解释的过程。这主要涉及对历史上发生的事，进行"全部主旨"或"总体意义"的解释，即"通过形式的、详述的或话语的论证进行解释"（怀特，2003a）[381]。怀特认为，历史分析中的话语论证形式具有四种范式，即形式论（formism）的、机械论（mechanism）的、有机论（organicism）的和语境论（contextualism）的。形式论的解释是识别、标识、确定特定研究客体的特性以及种属和类别，把历史研究的多样性、生动性和色彩作为历史著述的主要目标。机械论的解释关注因果关系的研究，把理解相互作用的规律、确定规律的特殊性和以此解释历史数据作为主要任务。有机论的解释以集成和还原为特点，把在历史中识别出的特殊因素作为综合过程的因素，把描写历史整合过程作为方法。语境论的解释是把历史事件置于所发生的环境中去解释，把事件和特定历史时空、动因之间的互动关系作为研究重点，寻找历史中全部事件和线索的意义链。采用以上何种方式，取决于历史学家的特定立场，即意识形态。

所以，三是通过意识形态含义进行解释的过程。意识形态涉及对世界的维持还是改变。从曼海姆的《意识形态和乌托邦》中的观点出发，怀特把一般意义上的意识形态立场分成四种，即无政府主义（anarchism）、激进主义（radicalism）、保守主义（conservatism）和自由主义（liberalism）。他认为，历史上的历史学家都是根据自己的意识形态取向来选择特定的叙述形式，因而不可避免地在历史叙述和研究中带有特定的意识形态含义，关键只在于是超越社会还是顺应社会，而这些都会在其审美观照（情节编排）和认知运作（话语论证）上体现出来，如表 2-1 所示。

表 2-1　历史故事的编排模式及其特点（怀特，2003a）[402]

情节编排模式	论证模式	意识形态含义模式
浪漫的	形式论的	无政府主义的
悲剧的	机械论的	激进主义的
喜剧的	有机论的	保守主义的
讽刺的	语境论的	自由主义的

对于这些因素，虽然历史学家在运用时不是任意组合的，但是他们会利用这些因素之间的辩证张力，从各个矛盾甚至对抗的因素之间寻找审美的平衡，以保证其著述的总体连贯性和一致性。

怀特进而从传统诗学和现代语言学理论的角度出发，认为话语是对历史数据的描写，以及对所描写题材进行论证或叙述和对描写及论证加以辩证的排列。而"转义"（tropic）是所有话语建构个体的过程。转义在古拉丁语中意思为"隐喻"或"比喻"。所有的思想和意识都是对经验的加工，这种加工则是通过"转义行为"（troping）进行的。

（转义行为）是从关于事物如何相互关联的一种观念向另一种观念的运动，是事物之间的一种关联，从而使事物得以用一种语言表达，同时又考虑到用其他语言表达的可能性。话语是一种文类（genre），其中最主要的是要赢得这种表达的权利，相信事物是完全可以用其他方式来表达的。转义行为是话语的灵魂，因此，没有转义的机制，话语就不能履行其作用，就不能达到其目的。（怀特，2003a）[3]

转义行为又是通过四种转义即隐喻（metaphor）、换喻（metonymy）、提喻（synecdoche）和反讽（irony）的不同作用来进行的。"隐喻是再现的，强调事物的同一性；换喻是还原的，强调事物的外在性；提喻是综合的，强调事物的内在性；而反讽是否定的，在肯定的层面上证实被否定的东西，或相反。"（怀特，2003a）[译者前言 8] 怀特指出："话语构型的原型编排似乎要求话语的作者叙述的'我'从原本对经验领域的隐喻描写，通过对其诸因素加以换喻的建构，转向对其表面属性与其假定的本质之间的关系进行提喻的再现，最后，到对所能发现的任何对比或对立因素的再现，这些对比或对立因素在话语再现的第三阶段都能合理地辨识出来。"（怀特，2003a）[8]

　　这里，怀特想说明的是，我们对世界或历史的理解其实是一种话语转义的理解。历史学家的题材是由叙事再现构成的，而叙事再现是通过历史学家用以描述事物的语言来进行的，甚至历史事物的情节编排类型也是由历史学家用以叙述的语言的转义方式所决定的。于是，历史的解释无疑类似于文学操作，亦即虚构杜撰了。由此，怀特认为文学理论有必要成为关于历史、历史意识、历史话语和历史书写的一门理论。既然情节编排等于文学操作，那么也等于虚构杜撰。既然历史叙事等于文学叙事，那么也就等于虚构叙事了。

　　怀特的影响是深远的，这从他的《元史学：十九世纪欧洲的历史想象》等著述成为英美大学英文系和历史系的必读书中可见一斑。

　　在涉及中国早期叙事文和史传的研究中，王靖宇的《中国早期叙事文研究》可谓代表。在此书所集的文章中，他主要从中国早期的史传著述如《左传》、《史记》、《国语》和《战国策》的研究着手，进行中国叙事文传统的探讨。在探讨中，他多处引用怀特的观点作为其理论研究的基础。在研究中他认为，历史和小说之间有着密切的关系，一方面由于两者都是以叙述为主的文体，而既然有叙述，就难免会牵涉到情节的安排、人物的描写、观点的运用等，小说里的叙述固然如此，历史里的叙述也不能例外。因为，历史学家的任务不应该只限于对事件做流水账式的罗列，或对某一个或数个特定事件的意义进行分析，更重要的是研究事件发生的来龙去脉，或是在众多孤立事件之间建立起某种关系，或是从混乱而无条理的现象中找出某种道理和意义。所有这些活动都需要怀特所谓的"情节编排"，而历史学家在编造情节时，如小说家一样，所考虑的是故事的合理性与完整性。因此，这种"情节编排"的结果就不一定和事实完全符合（王靖宇，2003）[44-45]。另一方面，他还以为，真正的历史叙述应该是不加任何渲染的平铺直叙，任何为了加强叙述的可读性而做的一些细节穿插和文字渲染（包括任务描写、情节安排、语言运用、抒情表现等方面），都可以看成是文学性的表现（王靖宇，2003）[144]。

当然，文学性可以是一种解读，但这种文学性是否必然与历史事实不符，他的论证并不多，甚至很少，因此与怀特的等式相比，还是有所不同。

除了历史和叙事的关系，后现代主义还对叙事和日常生活的关系做了区分。美国旧金山大学的伯格（Arthur A. Berger）教授在其《通俗文化、媒介和日常生活中的叙事》一书中承认，日常生活是真实的，可以说是我们生活中基本的东西。但是他又以为，我们可以在日常生活中时时看到顺序和叙事因素，但是这和说它们是叙事不是一回事。他特意列出了表 2-2。

表 2-2 叙事与日常生活的区别（伯格，2000）[179]

叙事（通过中介）	日常生活
虚构的	真实的
有开头、中间、结尾	都是中间
集中	分散
冲突激烈而持续	冲突缓和而散乱
每个故事各不相同	重演
对结局的好奇	目标模糊
以充满事件为基础	以没有事件为基础
摹仿生活？	摹仿艺术？

伯格以为，虚构的叙事是闭合的，有开头、中间和结尾，而日常生活不具有闭合的因素，只是我们在其中工作、娱乐而已。并且，叙事要比日常生活集中得多，具有冲突性，而日常生活相对平凡，不如叙事那样紧张和令人兴奋。日常生活是不断地重演，而叙事的每个故事都不相同。可以说，我们的日常生活波澜不兴，虚构叙事作品正在填补我们日常生活的空闲时间。问题是，按照亚里士多德的观点，艺术摹仿生活，而现在生活是不是开始摹仿艺术了？（伯格，2000）[179-180]

当然，伯格并非一味否定日常生

美国旧金山大学教授伯格

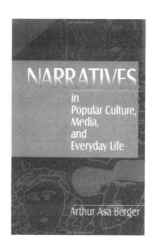

《通俗文化、媒介和日常生活中的叙事》

活的叙事特性，相反，他认为，日常生活也有叙事因素，即具有线性和顺序性特征。但是他还是把这些特征放在文学意味上去理解。比如，笑话是表演文本，写日志或日记是一种文学行为，交谈是一种通俗艺术形式，心理疗法是治疗师写作的互动剧本，而日常生活本身则如百老汇剧是一种周而复始的重演。此外，还有讣告、疾病、坦白、体育事件等。所有这些，都具有内在的线性和顺序性特征。但是，常规的日常生活是平淡无奇的，只是随着我们的阅读、分析和书写，才成为可能影响我们的东西（伯格，2000）[181-192]。

三、事实与虚构：对挑战的回应

我们还得从 20 世纪的史学发展角度来加以辩证。

在 20 世纪 70 年代兴起的后现代主义对历史研究方法的激烈挑战，对其后的史学发展形成了重大的冲击。历史编撰的主题已经从社会结构和历程转向广义的日常生活的文化。史学包括新史学，提出了一种自下而上的历史学观点。这产生了两个方面的发展意义。一是挑战了传统历史编撰学专注政治社会精英的路向，比如像兰克（Leopolde von Ranke）那样设想历史有着一种内在的一贯性与发展历程，而赋予西方历史以一种优先地位。新史学主张把史学转向研究被人理解为是日常生活与日常经验的条件的文化，主要关注的是女性和少数种族。二是反对以往的研究路线，以为历史是探讨个别现象，而不是进行概括，不是对宏观历史和宏观社会过程的因果性解释，而是对微观历史和社会的说明，以提供更为广阔的语境。

严格来说，20 世纪法国年鉴学派将传统史学与地理学、经济学、语言学、心理学、人类学等多种社会科学相结合，把治史领地扩展到了广阔的人类活动领域，开创了一系列的新领域，如问题导向的历史、比较史、历史地理学、地理史、长时段史、系列史、历史人类学等。其对 20 世纪的史学革新产生了深远的影响。尤其是在八九十年代经过费雷、夏蒂埃和雷维尔等人对史学研究与社会科学概念和方法之间关系的清理，年鉴学派又与 90 年代在国际史坛日益引人注目的史学流派如意大利的微观史学、德国的日常生活史和美国的新文化史相互呼应。（伯克，2006）[103-104]（伊格尔斯，2003）[111-135]

然而，更重要的挑战却在于历史学话语和文学话语之间的区分关系。

早在瑞士语言学家索绪尔的结构主义语言学中，语言就被看作一个封闭的结构，具有独立自足和自我界定的性质，并且语言不是传达意义的工具，而

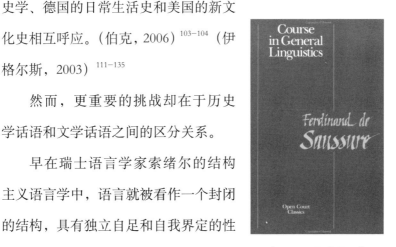

《普通语言学教程》

意义乃是语言的一种功能。[①] 后来的巴尔特与怀特强调历史文本的文学特性和不可避免的虚构成分，其实都是对语言自足性和意义是语言的一种功能的概念的发展，实质上也是对结构主义历史观的继承和发展。可以说，在巴尔特与怀特前后相继的大力推动下，认为语言形成现实，而语言并不指向现实，并且历史学家的思想感受是受到其所操作的语言的各种范畴所制约的等观念，似乎已经成为众多历史学家的一个信念。

于是，澄清真实与虚构之间的区别，便成为历史学家必须承担的严峻任务。1995 年在蒙特利尔召开的第 18 届国际历史科学大会即把"虚构性、叙述性、客观性"作为大会讨论的主题，其申明的立场是：

> 历史学是许多种叙述的形式之一，然而在它对真实性保持有一种特殊的关系这一点上，它却是独一无二的。更确切地说，它那叙述的构造就是要重建一幅曾经真实存在的过去。这种诉之于先于历史文本而存在的、而又是处乎其外的真实，——而它那文本所具有的功能则是要得出一份可以为人理解的叙述来，——则是构成其为历史学并使

---

① 以上观点均可参见索绪尔的著作《普通语言学教程》（高名凯译，商务印书馆 1980 年版）。在该书中，索绪尔把语言看作一种符号系统，并且是完全任意的。可参见该书的第 36—37 页、第 102—105 页。

之有别于故事或编造的东西。（转引自伊格尔斯，2003）[14]

伊格尔斯（Georg G. Iggers）是批判后现代主义尤其是怀特观点的代表人物之一。他在所著的《二十世纪的历史学：从科学的客观性到后现代的挑战》（1997）中认为，20 世纪 60 年代以来的历史学已经更少依赖于传统的经济学、社会学和政治学，而转向语言学。当历史学从一种追求规律的实验科学走向一种追求意义的解释科学之时，在这场对意义的寻求中，语言成为一种重要的符号学工具（伊格尔斯，2003）[146]。在他看来，需要认真对待的是，后现代主义者的批判虽然正确地指出，历史作为一个整体并不包含任何内在的统一性或一贯性，每一种历史概念都是通过语言而实现的一项建构，每一种文本都可以用不同的方式来阅读和解说，但是这种语言哲学使它自己更好地参与了文学批判而不是历史写作。因为历史叙述，哪怕使用的是以文学模型为范本的叙述形式，也还是要求勾绘或者重建一种真实的过去（伊格尔斯，2003）[152-153]。

他指出，尽管"历史学总要采取一种叙述的形式，因而就具有文学文本的性质"这一怀特的观点是人们普遍接受的，但人们并不接受他的结论，即使历史学和一切文学一样，在本质上是一种"写小说的操作"。就像夏蒂埃（Roger Chartier）所评论的，"哪怕历史学家是以一种'文学的方式'在写作，他也不

美国历史学家伊格尔斯

《二十世纪的历史学：
从科学的客观性到后现
代的挑战》

是在创作文学"。因为伊格尔斯认为，历史学家的写作要受到可信赖性的检验。历史学家总是要检查造假和作伪，因而是满怀着求真的意念在操作——不管通向真相的道路是何等的复杂而又不完整。（伊格尔斯，2003）[160] 他声明："确实，每一份历史叙述都是一种构造，但它是从历史学家与过去双方之间的对话中所产生的一种构造。"（伊格尔斯，2003）[167]

当怀特从伊格尔斯反对他从意识因素进入每一种历史叙述的观点出发，进而断言没有意识以外的根据可据以判断由于不同意识观念所形成的关于历史过程和历史知识的矛盾概念时，他以为伊格尔斯"没有区分叙述（narration）和叙述化（narrativization）。叙述是讲述世界的一种模式，不同于被特征化为描述的模式。叙述化是描述世界及其过程的一种方式，其过程似乎拥有故事的结构和意义"（怀特，2003b）[25]。这是因为，一个结构相当完美的故事，有一个可辨认的开头、中间和结尾的故事，使时间包含了最明显的内容。

这与前面我们提到的伯格在论述叙事与日常生活的关系时的说法具有明显的一致性。

伯格自称：

> 我所说的"日常生活"，指的是我们在典型的一天中的各种活动，包括进餐、工作和自我娱乐。（伯格，2000）[178]

但是，日常生活真的是如伯格所说的那样千篇一律吗？这个所谓"典型的一天"之抽象，实在是令人困惑的。且不论在历史上基于人类生活的种种事件是否只是因书写而变得戏剧化，即使现实中的日常生活都如伯格所说，那也将是一个完全没有生气的世界。亚里士多德在其《诗学》中指

古希腊哲学家亚里士多德

出，艺术摹仿生活，那么，根本就不可能从简单的逆向推理出发，断定生活只有在文艺的叙事中才可能变得生动。尽管文艺的叙事可能更为集中和冲突化，但生活的多元和生动并不是只体现在文艺的叙事中。固然，文艺的叙事可能影响现实的生活，但现实生活却不可能靠摹仿艺术而持续发展。否则，我们每个

人的生活都将是不真实的。由此，叙事也将失去其真实的生活基础。显然，这是对文学叙事和生活关系的误读，也是对亚里士多德理论的误读和简单的反推。

这点似乎也可以作为对怀特质疑的回应，只是我们需要把伯格的现实生活换成怀特的历史生活或事件。历史事实似乎就该是波澜不兴而周而复始、千篇一律的，否则，就会陷入叙述化的陷阱。于是，在怀特的眼里，不仅历史编撰不可能是科学的，而且历史也不可能是由学术叙述构建的，历史本身可能更多的是历史学家们构建的诸多神话。

当然，怀特并非一味地否定历史事实和真实。分歧在于，怀特认为对于历史事实仅仅拘泥于文字记录的人能产出的只是年代纪或编年史，而不是"历史"。历史编撰是话语，其主要目的是对事物进行真实叙述化的构建，而不是对事物静止状态进行描述。因为以叙述化形式对事实做出的任何表述都必定会虚构其主要内容——无论它依赖事实有多深。（怀特，2003b）[30] 而伊格尔斯则认为，历史编撰尽管可能不可避免地有着文学性的描述，但总是依赖历史事实而寻求历史的真相——无论这种寻求可能有多么复杂和困难。

据此，我们可以看出，两者都承认历史真实和事实的存在，关键在于历史学家的意识对历史叙述的介入是否会导致历史真实或事实的揭示和虚构；进而两者似乎都认同历史学家的叙述具有文学性，但问题在于具有文学性的叙述是否会导致历史真实或事实的揭示和虚构。

应该说，后现代主义的挑战对认识历史编撰和历史叙述是事实还是虚构以及其深入细致的分析论述，无疑具有重要意义。但是，我们必须厘清的是：

第一，意识介入的确代表了历史著述背后作者的时代文化观念，可这并不意味着在不同意识层面上的不同诠释可以置历史事实于虚构的立场。反过来，也许正是这种不同时代意识的诠释丰富了对历史的理解。

第二，文学性只是在叙述的手法上成立，无论如何它必须建立在历史真实与事实的基础上。从历史学的研究来看，逼近历史的真相是历史学本身所内在的学术要求，而接近日常生活真相的叙事研究也是以真实性为旨归。只有这样，严谨的历史研究和现实研究的叙事才可能成为意义的载体。

在回应后现代主义的挑战的过程中，也许在纯形式主义的层面（叙事与文学诗歌手法）难以触动话语与实在之间的关系。道勒齐尔的策略是把其移到语义和语用的层面，即从叙事和诗歌手法移到可然世界（possible world）和言内特点。

他在《虚构叙事与历史叙事：迎接后现代主义的挑战》一文中（道勒齐尔，2002）[177-202]认为，人类的语言只能创造或产生可然世界，可然世界里的存在和行动条件依赖于它究竟是实际可能的世界（与实际世界具有相同的自然法则），还是实际不可能的世界（其自然法则与实际世界不同）。将虚构和历史问题与其相连，历史的可然世界和虚构的可然世界有着不同的形态和明显的差异。

一是虚构杜撰者自由徜徉的整个可然世界包括实际可能的和实际不可能的世界，而历史的世界则限于实际可能的范畴，因为人的历史是自然施事的历史，这是历史与神话的疆界。

二是历史世界里的施事是由过去事件中的施事决定的，并来自对档案文献的仔细检索和了解，而虚构世界中的施事可以未曾存在，是虚构杜撰者的组装使之行动和互动。

三是虚构杜撰者可以将历史任务移入虚构世界并加以改变，逼真性不是普遍的虚构原则，而历史世界的人物和时间、背景等只能具有文献所述的属性，历史学家对历史世界的加工是根据资料来源的情况增补或重写叙事。

四是虚构和历史的可然世界都是不完整的，它们的宏观结构的普遍特征是断点。虚构杜撰者可以自由变更断点的书目、范围及其功能，选择审美和语义因素，而历史世界的断点属于认识论范畴，只有在可靠证据的基础上才能进行历史世界的建构。如果得不到这样的证据，历史世界就会留下断点。因为重构历史并不是重新创造实际的过去，而是重新创造可然的过去。

从语用即言内特点来看，道勒齐尔指出，虚构的可然世界

是"生成"的东西，即作者通过写一
个文本，创造出一个此前从未存在过
的虚构的世界。理解"生成"的关键
是虚构话语的真值状况，而虚构文本
缺乏真值。历史话语只有具有真值功
能，才能建构作为过去模式的可然世
界。虚构"生成"的可然世界在写作行
为之前并不存在，而历史"认知"则

加拿大多伦多大学教授
道勒齐尔

通过写作来建构在写作行为之前就已经存在（或存在过）的过去
模式。只有取消这种区别，才会导致所有的世界都依赖话语而存
在的观念。也许，叙事形式能够轻易地跨越虚构与历史的疆界，
但是依据语义和语用的衡量标准便能区别历史（事实性）叙事与
虚构叙事。由此，如怀特的"元历史"不必是历史纪撰退场的工
具，恰恰相反，它从理论上证明了历史学家探求历史真相的正当
性和普通人对歪曲真相行径的强烈反感。（道勒齐尔，2002）[177-202]

　　麦克林说过一些很有意味的话，颇合以上所言。他说：

　　　　我们的目标似乎不是在阅读古代文本时简单地复述古
　　代人的目标，而是用新的视界、新的问题，从新时代来认
　　识古代文本。我们应让它以新的方式向我们阐述，在这么
　　做的过程中，文本和哲学就变成活的而不是死的——因而

也是更真实的。在这个意义上文本的阅读是活的传统的一部分，凭此我们与生活中面对的问题作斗争，并确立值得我们追随的未来。（麦克林，2000）²⁷

其实，这是历史文本解读和研究的两种不同的态度与方法。二者唯有一点是相同的，即都将历史作为研究对象，但研究指向却不同。历史研究作为是什么和为什么的学问，需要读者基于事实的表述与解读来体悟现实，而这种新的视界则是从现实的立场来领悟历史的延续。一是属于历史学，一是属于诠释学。两种方法并没有孰是孰非的问题，实际上它们是两种延续历史文化的途径，都是不可或缺的。正是两种方法的相互配合，使历史文化与传统得以延续，同时，也使我们能够较好地处理现实的问题。

在西方，在人们描述与解释社会历史现象时，过去的那种基于单一视角或宏大叙述模式所进行的研究已经开始被多种方法所代替。与历史文献分析相结合的叙事研究已经引起人们的关注。与思辨的理论研究和宏大叙述不同，叙事研究关注的是个体或群体的内在世界和经验，并通过叙事来描述人们的经验、行为，从而透过这种方式理解日常生活中经验的丰富意义。（丁钢，2003）

基于人们日常生活的"微观史"的新叙事研究在 20 世纪

60 年代尤其是 80 年代以后得到了迅猛的发展，为越来越多的史学家所青睐并付诸实践。其间，出现了不少出色的叙事历史著作，比如斯通（Lawrence Stone）从家庭、性和婚姻等视野出发去揭示 16—18 世纪三百年间英国社会世界观和价值体系所发生的巨大变化的《英国十六至十八世纪的家庭、性和婚姻》，勒华拉杜里（Emmanuel Le Roy Ladurie）集中描写法国西南部蒙塔尤纯洁派（Cathar）村庄的《蒙塔尤：1294—1324 年奥克西坦尼的一个山村》，金兹伯格（Carlo Ginzburg）探讨 16 世纪磨坊主曼诺齐欧（Menocchio）的《乳酪与虫豸》，以及戴维斯（Natalie Z. Davis）通过替身丈夫的案件探讨 16 世纪法国下层社会的《马丹·盖尔返乡记》，等等。① 正如伊格尔斯在《80 年代的历史学：十年回顾》一文中指出的，"近十年来，叙事式的方法在历史著述中实际上起着越来越重要的作用……，以民族国家为中心的叙事式的历史学现在已极为流行了"（伊格尔斯，1988）。

20 世纪 90 年代末期，中国历史研究也出现了一些重要变

① 参见 Stone L. The family, sex and marriage in England 1500-1800[M]. London：Harper & Row, 1977；Le Roy Ladurie E. Montaillou：the promised land of error [M]. New York：George Braziller, 1978（勒华拉杜里.蒙塔尤：1294—1324 年奥克西坦尼的一个山村 [M]. 许明龙，马胜利，译.北京：商务印书馆，1997）；Ginzburg C. The cheese and the worms：the cosmos of a sixteenth-century miller[M]. London：Routledge & Kegan Paul, 1980；Davis N Z. The return of Martin Guerre：imposture and identity in a sixteenth-century village[M]. Cambridge, MA：Harvard University Press, 1983.

化。在研究内容上，社会史正在逐步取代原有的宏大叙述模式，地方生活、小人物以及个体经验开始引起人们的兴趣。在研究方法上，写作方法的新探索和实验开始不断被尝试，口述历史、叙事研究的引入，使历史更为广阔、丰富和复杂的面相得以体现。

实际上，叙事曾经是中国历史书写的重要特色。《史记》就是典型的叙事历史，它有着强烈的个人意识与语言风格。然而，在后来的历史著作中，故事或者说叙述渐渐被驱赶出历史学的门墙，历史学开始习惯于用被认定为严肃的话语和公正的叙述方式书写着过去，故事逐渐在历史中隐去。在理性分析、考据、论证与结构化的写作模式中，历史失去了它固有的鲜活内容。

而美国历史学界关于中国的历史研究，则有孔飞力的《叫魂：1768 年中国妖术大恐慌》，其在引人入胜的细节性叙事描述中，生动地展现了由专制皇权带来的恐慌怎样使一个谣言演变为一场全国性的除妖大行动。通过考察不同利益群体错综复杂的各种纠葛，作者力透纸背地揭示了中国社会的政治运作状况。美国汉学家史景迁则是另一位运用叙事方式研究中国历史的高手，他的《王氏之死：大历史背后的小人物命运》《中国皇帝》等以不同于一般的"讲故事"的方式向读者介绍他的观察与研究结果。历史学家黄仁宇的《万历十五年》则通过个人跌宕起伏的生活经历与人生悲剧，深刻揭示了明代的政治、经济状况与社会文化变迁。富于感染力的、强烈的语言表述以及缜密的史料分析，使该书成为明史研究的力作。[①]

如上说明，叙事不仅仅是写作方式的问题，它和研究者的思考方式或者说对历史本质的认识紧密相关。通过关注人，描述与组织具体人物的生活经历和故事，叙事研究也许可以让我们更深入地进入历史现场，走进人物的内心世界，揭示已经被过滤掉或被遗忘的历史真相。

相对而言，中国教育界在这方面的开拓起步较晚，但也已经迈出了坚实的第一步。近年来，笔者主编的《中国教育：研究与评论》集刊（教育科学出版社出版）不断地推出相关研究成果以推进叙事研究在中国教育学界的发展，相继发表了许美德的《现代中国精神：知名教育家的生活故事》（第 1 辑）、黄向阳的《学校春秋：一位小学校长的笔记》（第 2 辑）、刘云杉的《帝国权力实践下的教师生命形态：一个私塾教师的生活史研究》（第 3 辑）等多篇叙事研究的力作。而且，一批教育历史叙事研究的博士论文正在涌现。

应该看到，叙事研究的进入可以改变传统史学"目中无人"的弊端。长期以来，我们的史学研究一味寻求"结构"与"规律"，注重那种近乎静止不变的历史，而忽视历史进程中活

① 参见孔飞力. 叫魂：1768 年中国妖术大恐慌 [M]. 陈兼，刘昶，译. 上海：上海三联书店，1999；史景迁. 王氏之死：大历史背后的小人物命运 [M]. 李璧玉，译. 上海：上海远东出版社，2005；黄仁宇. 万历十五年 [M]. 北京：中华书局，1982.

生生的人物活动及其能动作用，把历史学变成了"没有人的历史学"。以群体抽象为基础的"宏大叙事"，常常以其强势地位侵犯、涂抹、覆盖或清除着以个体经验为基础的"私人叙事"，使自己成为唯一的历史记忆或历史叙事，必然导致历史记忆的"缺失"。所以，运用叙事研究方法，至少可以在以下三个方面对我们有所助益。首先，它有助于我们解放思想，克服以往固化的思维方式，摆脱原有预设的立场。叙事研究使我们更清楚地看到了世界的多样性，赋予研究者更大的研究空间以发挥自己的想象力，从而提供不同的历史解释，而不是简单地根据一种理论或范式去裁剪历史。其次，它有助于我们研究视野的拓宽和研究重心的下移。最后，叙事研究的开展，也有助于改变传统史学偏重于政治史和经济史的状况，从而使更多的研究领域逐渐走进我们的视野。

我们在以上的讨论中已经就"语言学转向"所带来的叙事真实性的问题做出了简略的辨析。还有许多人没有被提及，但仅从上文，我们已经能看到一种趋势，即历史叙述将是确保历史真实性和客观性的主要手段。我们在理解一个历史叙事文本时，必须考虑文本的语境不同造成的理解差异以及其中包含的意识形态因素和语言的历史性等问题，而历史叙述的研究，已经跨越学科的疆界。

不仅在历史学领域，而且在文学、哲学、心理学等领域，叙述或叙事都已经成为一门显学，在教育学的研究中也已经受到重视。而且，不仅教育历史的叙述将在这一基础上得以发展，就是在对现实教育问题的研究中，叙事研究也将展示其独特的作用。因为，无论存在于过去的教育，还是存在于现实日常生活中的教育，教育学如果想确定其社会位置，就不可能沉醉在理论观念的演绎之中，而应面对实践者们理解的真正的教育学研究文本，考察这些文本将如何在日常教育生活中培养实践者们有关教育学科的兴趣和理解，如何使教育理解真正地关联教育中各种人物的实践发展。

在此需要指出的是，接近日常生活真相的教育叙事研究也是以真实性为旨归，必须建立在真实与事实的基础上。我们可以在叙述中运用文学的手法，但这种文学性的描述必须建立在对现场的观察的基础上，是对研究参与者言语行为的真实叙述，而不是虚构。只有这样，我们才有可能穿透经验——透过日常教育的言语行为而呈现的经验事实，诠释其所蕴含的教育意义，从而使教育叙事研究成为真实意义的载体。

可以说，对于历史叙事研究的辩证，目的不仅仅是描述各种对叙事产生作用的理论资源，更在于探寻教育叙事研究在自身的发展过程中形成自身理论话语的历程。由此，教育叙事也将成为教育理论发展的重要组成部分。

第三章　教育叙事与日常实践

**美国心理学家、教育学家
布鲁纳**

我们的教育研究该如何关注日常教育实践的活动，或者说，教育的实践活动和理论活动究竟处于一种什么样的关系，这是一个似乎不是问题的问题。

这里所关心的是日常教育实践运作的模式或行动的策略，以及教育理论、政策实际使用者的可能行为方式和潜在的变化因素。这种研究范围来自教师以及他们的日常教育实践。正如布鲁纳（Jerome S. Bruner）所言：

如果你是个地道的教育理论家，正企图引入一些改革，那么你所需竞争、取代或以任何方式修正的对象，正是那些已经在引导着教师们和学生们的民间教学方式。（Bruner，1996）[46]

所谓民间的教学方式，按布鲁纳的说法，是指无论理论进入没进入，人们都有自己的实践方式，这些方式是在日常教学中应用的。其实每一位教师在不同的课堂中，都在运用不同的教学方式。所以当教育理论研究者要把理论带进课堂研究中的时候，必须考虑到实践本身已经发生，而不是说理论进入之后那种实践才会发生。这是布鲁纳提出的一个很有意义的想法。

教育研究者总是力图一方面关注社会的需求，另一方面观照教育的实践模式。从我们对教育现象的了解来看，确定教育的实践群体和个体在如何使用理论是必要的。但是，要想分析这些实践群体和个体的行为，就需要研究在这些理论研究和实践运作关系中，教育实践者究竟做了些什么。

一、教育与实践的"生产"

如果借用"文化生产"的理论视角来看，理论的产生也属于一种生产，而且它们的张扬之处在于它们遍布"生产"系统（学校教育、教学设计、教育制度、社会发展等）所定义和占据的所有教育领域。并且由于理论本身所具有的扩张性，它往往并不在意如何为实践的斟酌留有足够的空间。然而，与这种张扬而扩张以及力图抢占制高点的教育理论生产相对，还有另外一种生产，可称为"消费"。用德赛图的抵制理论观点来看，后者是分散的，不过它在所有地方都暗示着自己的存在，静静的、几乎察觉不到，因为它不通过理论显示自己，而是通过使用理论的方式来显示自己。（德赛图，2001）[79-94]

一般来说，在教育研究者把他们的观念文化施加给教育实践者的同时，同一性和同质性就可能从内部颠覆了教育实践者的实践。教育实践者虽然有时会顺从甚至同意理论和政策的征服，但对施加给他们的观念、规范和法则，却常常可能做出不同于研究者和政策制定者的理解。也许不是断然拒绝和抵制，他们的方式是在使用这些理论和政策的时候，赋予这些理论和政策不同于其本身或本意的改变。面对试图说服并规范他们的理论和政策体系，教育实践者在使用占权力地位的教育理论的时候，能够意识到这种权力的存在，对此他们不可能因此而离开，却可能同时用自己的经验来"消费"或消解和改变理论，以此保持不同程度的相对自主。如果说，教育中出现了同一性和同质性趋向，这主要与"普通教师"对"研究精英"所传播和施加的理论文化的使用有关。

显然，理论的生产与使用的关系实际上是两种生产之间的关系。理论的分配与流通，在教育研究者看来是社会和教育发展的关键。对于使用者来说，它却意味着两种生产的相似或差异。

我们需要看到，日常使用者或实践者在面对占权力地位的教育理论和可能限制差异性选择的语境时，会采取对同质性的婉拒（即不一定将自己置于与主流教育相反的位置上），以致产生无数细微变形的可能，以服务于他们自己的兴趣和规则。

这种认识也可以基于对"消费社会"理解的转变。个人对商品的占有支配了消费的具体实践，这是 20 世纪前半叶福特主义的消费模式。在福特主义使生产进入标准化、规模化的新阶段的同时，同质化和齐一化的消费方式便成为其生产逻辑在消费领域的延伸。20 世纪后半叶以来，福特主义作为一种生产与消费的控制模式，暴露出其死板与僵化的缺陷。日趋多样化的市场需求催生了"灵活积累模式"（又称后福特主义），其用机会经济取代规模经济，在生产与消费的协调方面表现出了极大的灵活性，并在工业社会向后工业社会的转变中，促进了传统的以"生产"（制造）为中心的社会向以"消费"（包括消费服务）为中心的社会转变（罗钢，2003）[6-9]。可以说，"消费社会"的发展，促使人们考虑社会消费需要与可能满足其需要之间的关系。于是，消费不再是简单地占有、使用和消耗的过程，而是主体的一种再生产形式。

这证明了马克思（Karl H. Marx）在《〈政治经济学批判〉导言》中的理论预见：

没有生产，就没有消费，但是，没有消费，也就没有生产，因为如果这样，生产就没有目的。消费从两方面生产着生产：

（1）因为只是在消费中产品才成为现实的产品，例如，一件衣服由于穿的行为才现实地成为衣服；一间房屋无人居住，事实上就不成其为现实的房屋；因此，产品不同于单纯的自然对象，它在消费中才证实自己是产品，才成为产品。消费是在把产品消灭的时候才使产品最后完成，因为产品之所以是产品，不是它作为物化了的活动，而只是作为活动着的主体的对象。

（2）因为消费创造出新的生产的需要，因而创造出生产的观念上的内在动机，后者是生产的前提。消费创造出生产的动力；它也创造出在生产中作为决定目的的东西而发生作用的对象。如果说，生产在外部提供消费的对象是显而易见的，那末，同样显而易见的是，消费在观念

马克思

上提出生产的对象，作为内心的意象、作为需要、作为动力和目的。消费创造出还是在主观形式上的生产对象。没有需要，就没有生产。而消费则把需要再生产出来。（马克思，1972）[94]

引申到教育理论与运用的关系上来看，理论之于实践主体，不能简单地归结为需求，而更应视为主体具有独立批判性且能动的再生产过程。换言之，同一理论在不同的环境下"消费"时，其意义会有不同的变化。理论与实践关系的复杂性正在于此。

二、知识和实践的"权力"

霍尔（John R. Hall）和尼兹（Mary J. Neitz）在谈到权力与文化时曾提及作为批判理论家的哈贝马斯的看法（霍尔，尼兹，2002）[230-231]。哈贝马斯认为，日常生活的社会世界——"生活世界"（lifeworld）——已经被"系统"（system）所遮蔽。这种变化的出现部分地是因为社会生活的体系理性化过

德国哲学家哈贝马斯

程侵入了生活世界，我们的生活越来越通过科层化的政府体系，以及生产商品、服务和信息的企业体系组织起来，生活世界已从行动所在之处向相反的方向变化，也就是说，日常生活的领域现已日益被外在的"体系"所组织。可以说，批判理论的权力模式认为，社会世界的组织方式产生了一种通过文化安排而形成的对社会成员的实际统治，而这种文化安排是由大规模经济政治组织的活动领域所塑造的。

对于这个问题，福柯（Michel Foucault）的回答是将理性和规训相联系。福柯以为，知识的规训是其他规训的基础，同时也是规训知识对象的权力基础。规训关注着日常生活，这种文化统治的实现不需要运用计谋，但能将自主行动的主体还原到

法国哲学家福柯

对塑造社会生活的文化范畴的简单反映的程度，从而造成主体性的崩溃（霍尔，尼兹，2002）[232-233]。

以上观点，实际上提出了一些有待研究的新问题。同时，如果我们换一个视角，即从日常生活本身来反观这种观点，却可能修正这种看法。

首先，文化变迁或者文化权力的可能性并不必然产生一种消极的结果。同样，教育变迁或者教育权力的可能性也可能产生正面的、积极的结果。其实，只有当这种可能性产生负面而

强制的趋向、教育权力与特定的实际利益相联系时，那么追究塑造规训及其生产的问题才具有意义。如果在教育中发现"压制"体系和规训，并导致日常实践的挫折或失败，以及压制变得日益明显，我们就必须考虑，实践是如何拒绝被这一体系和规训压制的，同时，又有哪些常见程序在使用着规训机制，或者只是为了回避它才服从它，实践者或使用者的哪些"运作方式"成为它的对立因素。

进而，如果教育生产构成知识的规训和权力，并由此形成特权群体和权力，那么事实上，教育规训或话语权力的使用者或实践者也并非必然是直接的使用者或实践者。他们不是单纯的接受者，他们涉入日常教育活动中的积极的实际运作方式构成了无数的实践，通过它们，使用者重新占领了由那些规训或权力所布置的空间。当那些规训或权力进入他们的日常实践并与之相结合时，也就建立起了一种实际的权力。所以，规训并不必然导致主体性的崩溃，而使用者和实践者事实上也是在这个意义上的特权群体。他们可以通过日常实践细节所包含的众多运作"策略"，来使规训的本身职能发生改变。我们需要揭示那些在规训之下的群体或个人，他们分散的、策略性的以及权宜性的创造所采取的潜在形式。

如此看来，对文化权力乃至教育规训或话语权力的观照，同时也构成了我们需要关注的另一个视角——教师在日常教育实践中的运作方式。我们既要警惕文化权力乃至教育规训或话语权力的可能滥用，又必须从教师的日常教育实践中去寻找避免滥用的可能以及那些日常教育实践所蕴含的内在变革推进教育发展的可能。

三、实践者的日常参与

日常教育实践运作受地区、学校、师资、生源等环境影响，它们形式众多且零散地呈现于教育之中并成为教育的一部分，构成教育的差异使用模式，而不具有统一的意识形态或组织。如果假定这些运作也遵循着一定的规则，换句话说，如果这些实践必定合乎某种逻辑的话，我们不得不再次回到那个老生常谈的问题：教育是什么，或教育的"运作方式"是什么？一直以来，我们总是试图解释这些运作的复杂规则。问题在于，我们构造的理论能否解读这些众多且零散的日常教育实践运作方式？反过来，这些众多且零散的日常教育实践运作方式是否遵循着某种理论的规训？如果不是，我们又该如何面对这些众多且零散的日常教育实践运作方式？从这点看，日常教育实践似乎才是我们教育理论研究的出发点。

为了把握这些实践的形式结构，我们除了需要了解人们是如何在传统的理论和政策的规整中使用教育，并付之于日常实践的，更需要关注人们是如何同时以一种更为主动和自觉甚至容易引起争议的方式在使用教育。比如，当实践者和研究者争论什么是合适的之时，争论就可能意味着实践者独立于研究者并参与同类群体的实践。因此，重要的不仅是研究教育如何反映社会的结构问题，也不仅是研究教育价值在如何塑造或不塑造实践的行为方式，而应该着力关注教育实践者对教育的主动参与。

我们进而需要面对两个问题：一是日常教育实践者的动机究竟是源于自身的利益还是源于规范的或理念的因素？如果在教育研究中，我们将注意力从价值和规范转向实践和叙述，这对我们的行动理论会有何影响？二是理论与实践之间的关系应该被理解为一种秩序还是行动？这些不同的理解取决于我们试图把重点放在实践对理论的选择上，还是放在理论对实践的制约上。

这些实际上都需要我们转换研究角度，即从认真对待日常教育实践的形式结构方面，来重新加以辩证。

因此，有必要把人类学和社会学研究以及其他研究（它们已经在描述日常生活相互作用方面做出了令人瞩目的成果）的方法，以及在这些研究方法基础上所发展起来的具有描述性的叙事研究方法引入教育研究，具体来说，是引到对日常教育实践的观察上来。我们需要通过研究那些作为教育使用者或实践者的个体和群体，探索塑造教育的思想和实践是如何发生和进行的。研究的目的是把握教育实践中的弹性和细节，使日常教育实践重新获得合法性，至少在那些我们阐释教育所必需的领域里，研究本身才会不断地使教育发展变得日益丰富而多彩。

实践群体和个体的探索使我们对教育领域研究的深入成为可能，也使教育研究充满了新的探索性。教育领域里实践的基本特征来源于实践运作的模式，我们希望从隐蔽了自己的话语的实践行为中，从那些似乎没有标明自我的实践行为中，寻找教育变革的痕迹。对于那些经常是沉默着的大多数的教育实践者来说，他们正是通过日常可能的行为和实践，显示着自己。

我们必须看到，大多数的实践运作还受到种种制约。面对众多的教育知识或理论，广大教育实践者或使用者并不具有和理论研究者一样的批判或创造的自由空间。在相同的领域，他们获得的各种信息、条件和补偿都更少。因此，教育理论给使用者提供足够的信息资源，留给使用者改造利用的各种空间，以便使用者实践他们可能的教育，这是非常重要和必要的。

我们还须承认，理论与实践之间的联系必然包含了冲突，而理论与实践的冲突也蕴含着不同程度的"妥协"，冲突并不只是意味着对抗或抵制，也提供着一种理论与实践之间的平衡，而赋予日常教育实践以教育发展的真实内涵。所以理论与实践相结合是一个古老和永恒的话题。我不认为理论和实践可能是丝丝入扣的，何况理论是各色各样的，而实践也是多种多样的。也就是说，丝丝入扣的故事永远不会存在。我们对真理的追求也是这样，不断地从相对真理走向绝对真理。从这一角度来讲，实践和理论的关系，我认为其实是一种妥协的关系。如果处理不当，它是一个冲突；如果处理得当，它是相互妥协。因为正如我前面所说的，理论在实践层面得到运用或者使用，而实践对理论来说并不意味着一味的对抗、抵制、绝望，实际上它有它的处理方式。所以实际上在实践者本身的活动当中，我们可以看到理论和实践其实是通过妥协形成平衡，最后互惠，这才是教育变革的真正内涵，而妥协是一种智慧。因为当你的某种理论进入一所学校后，尽管所做的实验也许表明它很适用，但换一所学校未必很适用。任何学校在实践中对于理论的选择，都必须是因地制宜的，即根据自己的实际情况。如果不是这样的话，就会是生搬硬套，就没有顾及各个实践的环境的不同。所以任何理论在不同环境中的运用，事实上都需要一种富有智慧的妥协，这种妥协形成理论和实践的结合的平衡，这样才会产生效果。当理论和实践相结合已经变成一个口头禅，怎么去做，其实需要富有智慧的妥协。只有这样去考虑问题，我们才能真正考虑到实践与理论的关系，而且建立一种所谓的伙伴关系。

其实，伙伴关系不单是指中小学跟大学的伙伴关系，实际上理论和实践之间的关系也是一种伙伴关系。伙伴就是平等的，并不是理论永远占据主导地位，强迫实践去执行。在面对多种多样的教育实践的时候，在我们有那么多教育理论工作者在构建形形色色的教育理论的时候，认识到这一点就尤为重要。虽然教师的实践行为有时看上去是游离于体系之外的，但却是教师的实践发展的重要组成部分。许多的日常实践包括课堂教学、师生交流、教师言语行为、教案设计等，尽管也是在理论或者政策的框架当中的，但是都存在着各种各样的差异。

实际上，实践的活动会与那种规范的或者制度性的权力形成一种张力。为什么说有一种张力呢？如果一味地从抵制理论或者从消亡的这个角度去考虑，那么就会出现所谓"要么主体崩溃、制度强大，要么制度崩溃、主体解放"的情况。其实这样的故事也不存在，只是理论会这样想象。这两个极端都不可能出现，更可能出现的是中间状态的一种平衡。如果正确地理解这种平衡，我们可以把它视为一种良性的张力。我们恰恰需要这种张力，因为任何时候理论和政策都不可能在实践当中不折不扣地得到执行。那是达不到的，因为差异客观存在。既然我们反过来承认实践的可能，那么实践变革本身的可能性，就在于它与理论之间的张力。这种张力恰恰是推动教育所必需的，它不是一种对抗，它是一种教育发展所必需的张力。

理论工作者或政策制定者需要非常清楚地明白一个道理，

也就是说任何的政策、任何的标准，其实必将在不同的环境下发生改变，这种改变是必然的，因为它不变通，它就没有办法面对自己的实践。我们的教育发展是如此不平衡，我们不可能要求大家在有差异的环境下完全不折不扣地按照一个标准进行工作。允许变通，允许这种张力的存在，这是一种气度，这是一种政策执行的必然。你不回避这种张力，你就能够去积极推进这种张力，去形成良性的建构。

四、日常实践的变革意义

在日常教育实践活动中哪些是至关重要的，如何揭示日常实践活动的策略，是我们需要加以研究的主要方面。

作为沉默着的大多数的实践群体或个体，他们尽管往往未被承认为教育的创造者，但在开拓自己的实践道路方面，也不可否认地产生着有意义的实践行为。实践者活动在理论和政策的空间中，他们的行为看似随意，并使用着现有理论中的话语，遵守着政策规定，却往往在细微处呈现出了自我兴趣与欲望。另外，使用者或实践者在现有的理论体系中加入自己的策略，其不需要侵犯这个体系，但在其中呈现自我。这些策略游离于体系之外，同样构成了教育实践发展的组成部分。

许多日常教育实践如课堂教学、师生交流、教师言语行为、教案设计等，尽管处在理论或政策的规范体系之中，但是，由于地域间社会经济和教育发展的不平衡以及学校、教师和学生方面的差异，它们与规范体系形成了一种发展张力，这些日常教育实践的策略同样显示出保持与规范体系之间的必要平衡的智慧。

可以说，日常教育实践绝非仅是一些被动的策略，事实上它们向规范体系中注入了不断翻新的内容，这种实践过程构成了一种精细的策略艺术，即如何把自己的差异融进占主导地位的规范体系之中。

重要的是，我们需要以更大的热情来关注日常教育实践的活动策略与规范体系之间所形成的张力。换句话说，我们的目的不是仅仅注意日常教育实践是如何回避或抵制规范的，因为尽管那些回避或抵制可能形成一种与规范权力同样的特殊权力以及相互关系，但要确定这些行为是处于自发状态还是自觉状态却是困难的。我们需要关注的是，这种关系所形成的张力是否会趋向积极的自我建构？或者说，关注与促进这种张力的良性发展正是我们在此讨论教育与日常实践的目的所在。

生活世界自身在不断地变化，教育需要通过自我理解所取得的各种成就来同生活世界维持一种相应的结构。形而上的理论方式发生了变化，日常生活领域的自律已经使理论难以保存其同一性。如今，教育理论在与日常实践的交往中不得不放弃其具有的权力或信仰的地位，而必须把专家知识和需要探讨的日常实践沟通起来，推动生活实践的自我理解进程，同时使日常教育实践免于过于自发而无序。换言之，不以"终极性"或"整合性"的传统价值方式去干预日常教育实践的过程，这是教育理论不得不付出的必要代价。

　　这意味着，我们需要尊重教师本身的实践经验，同时又要促进教师从自己的实践经验出发，把教学看作一种开放的、能够与自己的实践经验进行交往的过程，不断地把自己的教学实践和经验与各种教育理论和方法嫁接、融合，产生既非自身原有的经验也非完全照搬某个理论或方法的实践成果。尽管这些成果似乎是极为细微而并非具有轰动效应的，但却是一种实实在在的、内在的实践变革，也可谓正向和积极的理论与实践相结合的自我建构过程。无论开出什么样的花，结出什么样的果实，那都将成为教师本身在实践过程中的创造活动，并使日常教育实践成为教育教学变革的沃土。

　　教育变革的真正"秘密"也许正隐藏在日常教育实践之中，并且教师们的日常教育实践也在不断地赋予教育变革以真实的意义。

　　可以预见，如果我们能够如此关注日常教育实践及其运作方式或策略，那么日常教育实践的研究就将使教育发展本身变得更为多样和丰富。

五、教育经验叙述及其呈现

既然要关注日常教育实践，那么叙事与经验之间的关系以及如何通过叙事研究更好地呈现实践经验，就成为题中之义。

应该说，直接经验是所有教育的基础。在日常实践活动中，无论是教育者还是受教育者，他们通过对事物的直接感受等所取得的经验，都是以生动具体的形象直接反映外部世界，是最丰富的具体经验。这种经验不仅仅是在受教育过程中具有重要的作用，甚至在我们的一生中都扮演着重要角色。但生活并不总是建立在直接、具体的感观经验基础之上，即使是我们早期的学习经验，也包括不同程度的抽象，我们的直接、具体经验不可避免地和抽象经验联系在一起。一方面，世上有许多事情无法亲身经历。时空的限制使我们不可能直接经历教育过程中的所有经验，因而参与经验的过程，成为一个重新建构经验的过程。在这个过程中，我们可以忽略无关的因素，而集中于关键因素，从而克服直接经验的局限。另一方面，我们又可以通过重新建构经验的过程，区别经验中的本质和非本质的东西，从而更好地形成概念。

作为研究者，我们不仅可以通过直接参与经验而重新建构经验，也可以通过观察经验，而使各个经验相互交融，在实际研究中将其作为一个整体，以一种想象的方式参与其中。

　　当然，如果没有抽象和符号化，我们的智力生活是无法想象的。我们通过语言，交流直接的、个性化的经验，并使这些经验社会化。但是，如果经验的实质意义不存在，抽象也就失去了意义。在研究过程中，只有研究者赋予这些语言符号以丰富的意义，才能使研究过程具有意义。而要使语言符号有意义，就必须以具体经验为基础。换言之，通过重新建构经验和观察经验而趋向经验意义的获得，其实也是一个经验由简单到复杂的过程。经验基础对理解至关重要，因此在获取经验时，既要重视直接经验的获得，又要重视通过观察等方式获得丰富的间接经验。在研究过程中，我们要充分利用各种方法，在获取直接、具体经验的同时，通过各种途径获取尽量多的间接经验，包括文本、图片等，使直接经验与间接经验产生有机联系，从而构建教育叙事研究及其诠释的可能。

　　另外，从理论与经验的关系而言，两者的研究都不可或缺。理论必须是可检验的，因而必须有明确的经验内容，必须依靠经验研究的支持；而经验研究应当以理论为旨归，并促进理论的建立、检验或修改。进而，理论可以扩展经验发现的认知范围以及知识的积累，而经验研究在理论发展中则可以帮助澄清概念，防止理论概念过于抽象和模糊。并且当经验研究引出新的资料和新的经验时，就有可能调整原有的理论结构而产生新的理论。尤其随着在经验研究中运用新的方法，理论就可能调整以前的视角和研究领域或重新定位，并导致新理论的产生。可以说，理论概念与经验研究相结合，是教育学研究范式发展的内在机制。

对于叙事与经验之间的关系，有人指出，

叙事是人们将各种经验组织成有现实意义的事件的基本方式。（Richardson，1990）

在此，我们可以把教育看作人类生活经验中的重要组成部分。无论对教师还是对学生而言，教学都是一种重要的生活状态。在学校中，教学不仅仅是一种知识授受的过程，更是一种生活的过程。正如杜威（John Dewey）所说：

美国实用主义哲学家
和教育家杜威

教育是一种生活的方式，是一种行动的方式。（杜威，1981）[284]

换言之，教育是作为一种生活方式和行动方式来传递经验并交流经验的。

甚至我们可以说，生活处境决定着教学的处境。因为，在学校乃至课堂上的人际沟通，对教与学的状态都具有深刻的影响。教师的生活状态影响着其教学的状态，同样，学生的生活状态也影响着学生的学习状态。这就是学校文化的根本。如果我们认同文化是生活方式的总和，那么我们就必须承认生活经验对于教育的影响。因而，教学生活与日常生活的关联研究就不会是可有可无的了。而叙事本身可以为我们提供探究这些的可能。

或者我们可以问，在教育研究里引入叙事，究竟是为了什么呢？如果照西方教育叙事实验者的话来说，是为了"重新定义教育研究，以使教师的声音能被人们清楚地听到"（Goodson，Walker，1991）[139]。

而杜威在谈到经验与教育的关系时，也曾指出：

> 在各种不确定的情况中，有一种永恒不变的东西可以作为我们的参考，那就是教育与个人经验之间的有机联系。……以经验为基础的教育，其中心问题是从各种现时经验中选择那种在后来的经验中能富有成效并具有创造性的经验。（Dewey，1938）[25-28]

这里，一方面，"一个人应能利用别人的经验，以弥补个人直接经验的狭隘性，这是教育的一个必要组成部分"（杜威，1990）[167]；另一方面，教育又不等同于经验，而是"作为经验的重构"。加拿大学者康奈利和克兰迪宁正是从这些观点出发，进而比较了"注入"（injection）和"重构"（reconstruction）这两个概念。他们指出，叙事研究不仅仅是讲故事和写故事，而且旨在"重述和重写那些能够导致觉醒和变迁的教师与学生的故事，以引起教师实践的变革"（Connelly，Clandinin，1994b）。

它以此贡献于教师专业发展，也借此肯定叙事方式所蕴含的教育经验重构的意义。

很显然，这与常规的实证的研究方式有所不同，因而也自然会引发一些不同看法。其中，齐赛克提出的问题最为典型，他质疑道："如果（叙事）研究不与我们通常知晓的任何事情（如理论驱动）相关，如果其不指定一个由研究者提出的兴趣问题（如假设检验）或者产生其他人能够使用和界定特殊场景的知识（如非普遍性的），其如何能够被称为研究？"（Cizek，1995）

对此，奥戴有个颇为恰当的辩驳。他认为，这种提问本身还是基于认识论和分析的角度，或者说是哲学和科学逻辑思维的角度。实际上叙事研究超越信度、效度和普遍性，而是通过时间、地点、情节和场景的协同来创生叙事的经验品质。（O'Dea，1994）

在我看来，尽管文化研究的渴望是普遍性的，但文化总是地方性的，总是特定的。教育也是如此，但教育研究寻求的是特定事物间的连贯性而非基于抽象原则演绎的普遍性。因此，与其说教育是一种制度安排，毋宁说是一种与他人相呼应，共同阐释生活世界的方式。

进而我们可以认为，叙事的这种经验品质因为有着经验的代表性和真实性，而且由于在叙事编织过程中运用了人文学科研究方法的巧思妙想，所以可以与其他人文学科进行理论对话。

教育经验的实践形态，在我们以往的研究中，最通俗的说法叫深化，即把实践深化为理论，但深化之后实践就往往不见了，经验本身不见了。深化后的理论究竟是研究者的观点，还是从实践中来的观点，很多时候无从判断。经验在我们以往的研究中似乎一直是一个不被人所瞧得起的东西，比如，有人会评价说"写得比较差，怎么像一个经验总结"。有人甚至认为学校就是总结经验的，然后在理论方面，就需要理论工作者进行深化。长期以来，这种方法已经影响到中小学中的科研方式。如果中小学教师的科研不围绕自己的实践和学校的实践，那这种科研有意义吗？我们不排除专家型的教师出现，但专家型的教师不从自己的实践出发，而专门去研究别人，实际上这也有个角色的错位问题，因为他不是一个纯粹的理论工作者，他不需要承担这样的职责。当然，不排除他可以这样做，但首先他应是从自己的实践出发的。

中国教育的出路必定在我们自己的实践当中，而如果继续把实践经验不断地抽走，我们何时、如何才能真正地把中国教育的发展建立在自己的实践基础上？如此，中国教育的出路就会变成我们有些学者的臆想："我"认为应该这样，"我"认为应该那样。同时，这也就导致了一个问题，就是现在我们的很多理论回不到实践当中：如果不是在实践当中去发现问题，去精心地研究，那理论成果就很难回到实践当中。回不去就面临这种尴尬，事实上这形成了教育研究中实践经验的逐渐缺失。而要让理论回到实践，首先就要从实践中的问题出发。因为，任何模式、任何理论的发展对实践者来说，只是提供了更多的选择，它们不是强加于实践的东西。

我们一方面要深入实践，另一方面也要有适当的话语方式接近实践，让实践工作者能够参与进来。这种参与或是通过阅读的参与，或是在研究当中的参与。因为在质性研究中，参与者本身参与观察，其观点就是质性研究中一个非常重要的立场。在这里，经验强调的不是形式、规律，也就是说经验反对的是普遍性的东西。通过叙事得出一般的规律和意义，这不是叙事研究的任务。叙事是去揭示实践经验中的意义，它提供的是一种分享。这里面不是没有理论，而是叙事研究不追求上升为一个普遍的理论，它不是去追求规律的东西的。

叙事具有一定的主观性，这没有疑义，就像人文研究一定会带有某种价值观和意识形态一样。教育叙事研究完全没有必要去避讳主观性，而且在这种研究当中，主观的参与恰恰是必要的。叙事研究更加强调现场，研究者不能站在这个世界外面，而必须进入这个世界。所谓保证科学的研究方式，保证客观性，不碰现场，那是不容易的。这就是人文学者应该有的立场。

　　实践工作者一定要站在自己的实践经验之上，实践经验是必要的基础，关键是经验需要更新，而更新的权利在于实践工作者自己。因为当实践工作者有选择的可能时，怎样去选择，比如如何面对新的理论方法，还得要结合自己的经验。其实，即使是一个理论工作者，如果他是研究哈贝马斯的，他就能对哈贝马斯的所有观点完全心知肚明吗？那是不可能的，除非他就是哈贝马斯。只要他不是哈贝马斯，他只是研究哈贝马斯，他就代替不了哈贝马斯。理论工作者都是如此，又怎么能要求一个实践工作者对理论如此精通呢？这是一个过分的要求。实践工作者对理论的选择完全可以从他自己的经验出发，他所做的东西可能是个"四不像"，而我的观点是越不像越好。越不像的结果是什么样的？不像别人的东西，但是肯定与他自己以往的经验也不同了，这就是发展！因为结合自己的经验和选择学到的新的理论或方法去进行教学，这不是进步吗？！

　　另外，教育理论与实践经验相关，理论并不是要解释全部的教育实践经验，关键在于了解和理解这些教育实践，在我们看似非常熟悉的教育经验中，寻找教育理论发展的路向。只有先把中国教育中的人物、事件本身描述出来，才有可能获得对中国教育本身的真正理解。所以我们希望把叙事研究作为一种理论方式引入教育研究中来，通过教育的叙事研究穿透我们的实践，逐渐形成我们的话语方式，逐渐去发现中国教育研究本身的意义所在。

当然，除了理论上的考虑，引入教育叙事还承载着实践方面的价值期待。近一个时期以来教育界似乎对叙事研究情有独钟，许多教师很热衷于"讲故事""讲自己的故事"，这当然是件好事。原本"沉默"的教师在理论界面前发出了"讲自己的故事"的呼吁。"让教师的声音被人们听到"，这一点正是教育叙事所要追求的目标之一，教师主动发出自己的声音，显然是对教育叙事实验的积极支持与响应，并为教育叙事研究提供了大量的资料与素材。

教师们这么喜欢，因为这是一个贴近自己生活的教学研究方式，但是教育叙事和教育叙事研究还是有所不同的。为什么呢？我认为不同的角色应承担不同的任务，没有必要把一个任务加在不同的角色身上，这是不公平的。不应该把所有的研究任务加在我们的中小学教师身上。我们的中小学教师现在很辛苦，要他们搞科研成为理论家，又要他们掌握新技术成为技术专家，还要他们成为教学能手……，反正什么都要是，那教师实在太辛苦了。教育叙事研究不是他们的任务，他们能够通过与别人交流把自己的感受、自己的经验叙述出来，与别人分享，这已经是非常好的方式了。真正地对教育叙事加以理论的穿透，加以意义的诠释，等等，此类理论功夫，那当然要由研究者来下了。研究者也可以跟中小学教师或者参与研究的教师一起合作，但不能把这个任务直接压在他们身上，这并不公平。就像我们这些在大学研究教育的人，除了一部分研究高等教育的，还有一部分是研究基础教育或其他理论的，谁也不可能是全能的。

作为研究者，我们要思考怎样去做教育叙事研究。"讲故事"与"教育叙事研究"之间存在一段距离。研究者要想实现从前者向后者的转变，实现从现场、现场文本到研究文本的转变，还得接受一定的理论与方法训练。

正如布鲁纳所说：

对故事的直觉认识足以使我们在日常生活中游刃有余，但如果我们试图理解和解释我们做了什么或将其置于有意识的控制之下时，直觉就远远不够了。这就像皮亚杰所称道的我们对空间和数字的早期天真认知。为了超越默认和直觉，我们看来需要某种外部的提升，能够将我们带到一个更高的水平。（布鲁纳，2001）[2]

其一，叙事者应该了解国内外人文学科的前沿进展，从而可以拥有丰富、深刻的理论洞察能力，能够从自己所研究的教育经验中"解读"出内在的学术和理论"意义"。

其二，叙事者须明了经验的呈现不等于叙事研究，尽管叙事本身是经验呈现的最佳方式，叙事研究对于经验的表述却是别有匠心的。把叙事研究方法引入教育研究，具体来说，是引到对教育经验的关注上来，从而进一步引到对日常教育实践的观察上来。我们需要通过研究那些作为教育使用者或实践者的个体和群体，探索塑造教育的思想和实践是如何发生和进行的，把握教育实践中的弹性和细节，使日常教育经验获得新的理解，从而建构教育叙事研究自身的方法。

其三，教育叙事研究的最好方式莫过于研究我们自己。研究自己，就必须认真地对待和研究教师和学生教与学的经验。一方面，需要把教育变革建立在日常教与学的经验基础上；另一方面，亟须关注我们自己的日常教育经验的文化处境、思维方式和价值观念等。只有从我们自身的经验和实践出发，才能变革我们自己的教育。

其实，无论对教育者还是对受教育者来说，教育都是一种生活方式，而且是一种日常生活方式。所以，我们如果想要了解教育，就必须熟悉和理解这种生活方式。当然，生活方式也是多种多样的，尤其当其以经验事实的方式流动的时候，就构成了丰富多彩的教育图景。

　　而要揭示这幅丰富多彩的教育图景，叙事就会是重要的方式。就教育研究而言，对于教育叙事在学校和教师中的展开，我们所看到的不仅仅是一些具体的行动与做法，更重要的是，当这些行动与生活在叙事过程中形成一种富有意义的联系时，教育叙事就已经成为熟悉和理解教师专业生活的一种重要方式。

　　教育叙事研究的重要意义就在于：它通过对教育生活经验的叙述促进人们对于教育及其意义的理解。教育叙事探究的本质在于寻找一种合适地呈现和揭示生活经验乃至穿透经验的话语方式或理论方式。

第四章　教育叙事的方法论和意义

　　本章所要讨论的是教育叙事研究的方法论问题以及这些方法论所蕴含的意义。如果说方法是所有理论的灵魂或核心，那么反过来也证明，方法不仅仅体现为方法而已，其实质上是由某种理论或文化观念所导向的。

　　正因为如此，在本章中我们首先需要讨论的是教育叙事方法的诸多理论取向。在这些理论取向中，结构主义的方法、文化人类学的方法以及教育研究领域对叙事方法的理解无疑是具有重要地位的，而对中国叙事风格与手法的呈现，则不仅仅是为了表达对传统的关注，而更多的是为了使叙事研究契合自身的文化语境，并在这种文化语境中解读我们日常教育的实践意义。

　　然而，尽管在不同的理论与文化框架里，叙事方法有着不尽相同的取向，但在这些方法中依然存在着一些相关的共同元素。从叙事研究一般方法论的意义上，我们关注叙事方法的一般方法程序和诠释策略，则可以为我们从事教育叙事研究带来便利，尽管这些一般方法程序和诠释策略的运用，并不会也不应该成为研究简单化的缘由。事实上，恰恰相反，对于这些一般方法程序和诠释策略的灵活运用，才是提供多样化叙事文本的基础。

一、拉博夫与结构主义方法

在结构主义的叙事方法中，宾夕法尼亚大学的拉博夫（William Labov）教授和瓦尔茨基（Joshua Waletzky）教授提出的范式－社会语言学的叙事分析模式，曾经为很多人所引用和应用，或者成为他们研究的出发点。拉博夫认为，叙事具有形式的属性，而每一个故事都有一种功能。一个具有"完整形式"的叙事模式将故事结构分为六个因素或部分。

"摘要"（the abstract），是一个包含着故事主旨的简短的预备性陈述或概要；

"定向"（the orientation），即确定时间、地点、参与者和场合的叙事部分；

"纠纷"（the complication），是叙事的主体部分，以故事里的某些复杂化行动为中心的一系列事件顺序；

"评价"（the evaluation），即行动的重要性和意义，叙事者的态度，由叙事者点明叙事的原因和要达到的目的；

"解决"（the resolution），是对故事中最后发生的事情进行描述的部分，即最终发生了什么；

"尾声"（the code），出现于故事结尾，表示叙事实际上已经结束并且使"语言视角"回到现在。（Labov，1972）[354-396]（Labov，Waletzky，1967）[12-44]

这意味着叙述者可以运用这些结构基于基本经验来建构故事，并用句子和潜藏的评价解释事件的意义。

拉博夫对叙事下了一个很具影响的定义。

（叙事是）对过去经验进行摘要重述的一种方法，它用一系列子句构成的词语序列与实际发生的时间序列相匹配。（Labov，1972）[359-360]（Labov，Waletzky，1967）[20-21]

拉博夫进而指出了叙事的两种不同的功能：指涉功能和评价功能。拉博夫认为，从事件在（独立）子句序列中的线性顺序出发，其所构成的并不是讲故事活动本身，而是对所讲故事的一种价值评论，是表明叙事本身"主旨"的一种努力。因为，即使一个故事完美执行了指涉功能，如先讲 a，然后讲 b，但是会很难理解。这样的叙事是没有意义的，它没有主旨。所有故事的基本形式都以"a 然后 b"的时间关系为首要序列，与

美国宾夕法尼亚大学教授
拉博夫

之对应的关系是：a 的同时，b；a 时，想到 b。不过，"a 然后 b"的关系可能使故事成为故事，但不足以使故事成为一个优秀难忘或合情合理的故事。于是，评价开始发挥作用，无论是对叙事的宏观结构组织还是对每个句式的推敲，讲述者通过评价有目的地偏离首要序列的顺序。从现实叙事的可述性和为何值得讲述出发，他进而认为，叙事评价可以形成一个辅助结构，集中安排在评价部分，但是也可能表现为整个叙事中的其他各种形式，贯穿于叙事的排列次序中。

运用这个模型即所谓"拉博夫模式"（Labovian Model），叙述者在最基本的经验的基础上建构了一个故事，解释事件的重要性，并且做出评价。叙述并不是仅仅说明过去发生了什么，更重要的是说明个体如何理解这些行动，这就是意义。与以往的其他模型相比，这个结构模型另辟蹊径来解释意义，它通过

叙述者的评判性话语来理解叙述者想怎样被别人看待以及他 /
她想说明什么。

但是这个模型忽略了叙述者和倾听者的互动关系，没有能
够回答谁提出了问题和叙述的目的是什么。叙述是仅仅讲述一
个事件的发生顺序，还是要说服一个当时不在场的倾听者发生
了一件重要的事情？拉博夫的模型只能够回答前者，而不能回
答后者，这是其局限性所在。

赫尔曼进而指出这个模型可能存在的问题。他认为，"拉博
夫模式"意味着应该将故事里的指涉和评价分为各自独立的结
构和功能，而故事的这两个方面在叙事实践中属于同样的层次
或相互交错的层次。评价效果是内置于故事的指涉系列的而不
是叙事序列本身的中断或断裂。例如，重复叙述可以加强某个
局部事件的整体意义或效果，而反复叙述则能突出似乎不相容
或不相关的事件之间的相互关联性。（赫尔曼，2002）[160-161] 更重
要的是，不仅仅要从形式和认知结构的角度研究叙事类型与推
断方式，而且必须把它们看作具有丰富的语境化标记且处于可
变环境中的言语事件的一部分。（赫尔曼，2002）[170-171]

其实，在赫尔曼那里，他关注的是语言、认知和语境的互
动关系，也就是说结构主义所关注的形式结构的连贯性依然没
有被打破。可以说，结构主义在研究叙事时使用的语言学方法
的演绎性质在于使叙事变得更为科学。后来的后结构主义则拒

绝把叙事视为一个稳定的形式，而强调保持叙事中相矛盾的各层面以及它们的复杂性。一般来说，"从发现到创造，从一致性到复杂性，从诗学到政治学，这是对 20 世纪 80 年代叙事学理论转折的简要概括"（柯里，2003）[4]。这种从结构主义到后结构主义的转变，尽管还只是在叙事作品的解读方面的发展，但对叙事研究摆脱科学主义的束缚依然起到了重要的作用。

二、里斯曼的五阶段模型

波士顿大学的里斯曼（Catherine K. Riessman）教授认为，研究者不可能直接进入叙述者的经验，他们要通过处理经验的各种呈现形式——谈话、文本、相互作用和解释来完成这一任务。（Riessman，1993）[8] 在她看来，研究过程就是分析各种各样叙述文本的过程，而且这个过程至少有五个经验呈现的阶段。在研究之前，我们必须从最基本的经验出发描述合适的研究背景，把研究基调定在最基本的日常生活经验上，不要去想如何分析它，只要让自我意识自然而然地展开。然后，我们就进入研究。

第一阶段：进入叙述者的经验。"我"（叙述者）在意识流中通

美国波士顿大学教授里斯曼

过回忆来收集当时情境的特征，使得某些现象有意义。在这个过程中，"我"从最基本的并且完全没有被注意的生活经验中选择了"我"的研究对象，这就是经验呈现的第一个阶段。

第二阶段：讲述经验。面对谈话中特定的倾听者，"我"再次呈现已经被整理过的事件。"我"的视角决定了"我"的叙述的形式，"我"描述背景、特征以及故事组合的方式。"我"对经验的解释更加清晰，把发生在过去时空中的事件转移到"我"现在和这些特定的倾听者所在的特定的时空。"我"的叙述是由"我"的文化背景以及对话中的所有的参与者来决定的，其中价值观是一个很重要的因素，倾听者不断地提问，让"我"说得更多，"我"也把事件按照他们的兴趣进行重新加工，进一步明确这个事件对"我"自身的意义。在这个阶段中，由于经验陈述是一个互动的过程，特定的倾听者在意义呈现的交互过程中起到了特定的作用，他们对"我"也意味着某种意义，所以在讲述经验的过程中，"我"同时也在塑造自我以及表达"我"想他们怎样来看"我"。

第三阶段：誊写经验。也就是把口语转换成书面语的过程，它不可避免地是不完整的和有选择性的。口语不可能被完整地、真实地呈现出来，呈现的形式反映了誊写者的视角以及价值观。它同时也是一个解释的过程，决定如何誊写就决定了如何讲述及倾听。不同的誊写风格支持了不同的解释及逻辑出发点，最后它们描述了不同的世界。在这个过程中，研究者要决定誊写的细致程度，例如，是否包括沉默、强调、口头语、重复的部分，还有其他倾听者加入的部分，用什么样的文体结构，等等。这些并不是简单的技巧上的问题，它们决定了如何暗示倾听者来理解所叙述的故事。

第四阶段：分析经验。在这个阶段研究者需要明确意识到自己的工作角色，明确如何去理解一大堆故事并决定叙述者经验的呈现方式、顺序和风格，确定如何将这些生命的片段拼接在一起。所有这些研究者的介入不可避免地决定了哪些经验被呈现，哪些经验不被呈现。简言之，研究者通过编辑和整理叙述的内容就得到了一个叙述文本。研究者的价值观、政治立场和理论主张，在这个过程中起到了很重要的作用。

第五阶段：读取经验。在这个阶段中读者需要评判研究者的研究成果，并做出反馈。当研究者把研究报告给同行传阅的时候，也许他们并不赞同研究者的分析过程；或者当研究者把研究报告拿给叙述者本人的时候，他们也可能不认同所描述的经验。由于不同的读者有不同的经历，即使是同一个读者在不同的历史情境下也会有不同的感受，所有的文本都是在不断变化的。

当然，这个五阶段模式，也有它自身的局限性。首先表现为经验呈现形式的局限性，我们不可能直接进入最基本的经验，意义是模糊的，是流动的，而且是根据情境而变化的，不是固定不变的，也不是放之四海而皆准的。所以，所有的叙述文本都只能部分地、有选择地呈现现实。其次是叙述文本的权威性并不清晰。叙述文本只是对某些特定的人有意义，它所建构的事实只是对特定的解释者在特定的历史条件下有意义。所以在叙述分析的过程中，谁具有权威性并不能够确定，这就造成了整个叙述及分析过程中操作的模糊性。这个故事讲给谁听？应该怎样来讲？谁来评判叙述分析的有效性？这些问题是不能够得到明确答案的。

三、康奈利和克兰迪宁的三维叙事探究空间模式

相对于里斯曼的叙事分析模式来说，康奈利和克兰迪宁的三维叙事探究空间模式更加清晰，并容易操作。它是建立在杜威的经验说基础上的。经验在这里是一个非常关键的术语，这里的经验既是个体的内心体验，又是社会化的经验，并且是现时性的。经验具有连续性，它建立在过去的经验的基础上，并导向未来的经验。所以，经验同时具有历史性，并且不断变化。

康奈利和克兰迪宁认为，在杜威那里，经验包括个人和社会两个方面。

　　　　人们作为个体需要被理解，但是他们不能仅仅作为个体去理解。他们总是处于关系之中，总是处于社会情境之中。……我们需要学会在个人和社会之间前后移动，综合地思考过去、现在和将来。（Clandinin，Connelly，2000）[2-3]

　　从这样的考虑出发，康奈利和克兰迪宁基于对个人与社会互动的关注，以及过去、现在和将来的连续性，再加上情境，建构了一套方法论概念，并称之为"三维叙事探究空间"（three dimensional narrative inquiry space）（Clandinin，Connelly，2000）[50]。这里，时间为第一维度，个人和社会为第二维

加拿大多伦多大学教授
康奈利

度，情境为第三维度。时间涉及事件及其前后关系，个人和社会涉及内在条件和外部环境的关系，而情境在于具体探究教育图景的边界。

　　他们把"暂时性"（temporality）作为叙事研究的关键词，"我们不仅仅关注此地此时被经验的生活，也关注被经验的生活的连续性——人的生活、制度生活、事情的生活。正如我们发现我们自己的生活植根于一个更大的社会科学探究叙事之中一样，我们对日常经验中的人物、学校和教育图景的研究关联一

**加拿大阿尔伯塔大学教授
克兰迪宁**

个悠长的历史叙述"（Clandinin，Connelly，2000）[19]，这是从时间维度出发的考虑。

如果把这与第二维度和第三维度结合起来考虑，可以分为内在、外在和前后的考虑。内在考虑，包括感觉、希望、审美反应和道德处理。外在考虑，意味着趋向存在的条件如环境。前后考虑，意味着考虑过去、现在和未来。经验一个经验，意味着在经验中的研究是综合这三个方面的。因此，在任何探究中，当在第二维空间时，人们寻找问题，收集现场资料并予以诠释，在写一个研究文本时，通过观察内在和外在来确定个人和社会的关系，而在确定暂时问题时要考察事件及其过去和将来。（Clandinin，Connelly，2000）[50]

康奈利和克兰迪宁的叙述探究理论强调了经验的交互性、连续性和情境性。他们把他们的模式比喻成"三维叙事探究空间"，即强调个体的内心体验和社会化经验（经验的交互性），过去的、现在的和将来的（经验的连续性），结合特定的场合（经验的情境性）。他们把他们的研究问题看成思考个体生命经验的连续性和完整性。叙事探究是理解经验的方式，是研究者和参与者在特定的场合经过一段时间的相互作用而得到讲述性故事的过程。这里更强调的是叙述者的权威地位，解释该经验对叙述者的意义。探究者的作用是帮助叙述者理解该经验及该经验最根本的意义。

康奈利等人在讨论叙事研究时认为，叙事探究的过程围绕着三个事件展开，即现场、现场文本和研究文本，现场、现场文本、研究文本以及它们之间的关系是叙事研究的焦点（Connelly，Clandinin，1994a）[4046-4051]。

现场与研究者密切相关，是研究者的考察对象。这意味着研究者应密切关注他们自身的体验和他们的故事。研究者必须通过与参与者建立不同程度的亲近关系来理解、记录和思考现场。

现场文本被称作现场文本而不是资料，这是因为文本有叙事的性质。普通意义上的资料是指事件的客观记录，现场文本并不具备这一性质，它们是产生于现场经验的复杂混合体，牵涉到研究者和参与者之间的合作关系，是经过选择的、演绎解释的经验记录。现场文本接近经验，它们描述并围绕一系列事件而形成，具有相对性。

研究文本与前两者相结合，它代表评判研究之社会意义的问题。与此相对，研究文本与现场和现场文本保持一定距离，它要回答意义和重要性问题。

研究者将自己融入对方的日常生活，试图透过日常生活中各色人等的眼睛来观察这个世界，思考其中的问题。该方法无疑会将研究者投入他所研究的社会世界中，它要求研究者以田野笔记的方式详细记录眼前世界的种种问题与日常特征，进而揭示其中的结构、交往与意义图式。这类研究者渴望能够分享研究对象所处的世界，直接参与他们的日常活动，以求理解他们的行为到底会造成一个什么样的世界。参与型研究者的目的就是从研究对象的视角出发来理解世界的意义。

在传统的观念中，研究人员会因为发现研究文本中研究者的在场，而判定此文本带有不恰当的主观倾向。但是在叙事探究中，研究者从一个中立的观察者转变为一个积极的参与者，这使研究现场不再是"隔岸观火"。如果研究者没有真实的在场体验就去构思研究文本的揭示图式，这种研究才会被认为是缺乏效度的。叙事研究者关注经验的代表性、即时性，事件讲述的差异，研究文本的感染性、真迹性、充分性和合理性，等等。

在这个模式中，研究者最难把握的是与叙述者应该保持的关系尺度问题。对于研究者来说，叙事探究是关于经验的经验。研究者在叙述过程中所体验到的经历是双重性的，即研究者经历叙述者的经验以及所叙述的经历的一部分，是叙述者和倾听者共同经历过去事件的过程。所以叙事探究是有关联性的，研究者必须与叙述者充分"卷入"叙述过程中，然而同时研究者必须退后审视自己所探究的故事。这种一前一后的尺度在日常生活中是非常灵活的，要求研究者能够自行把握。康奈利和克兰迪宁认为研究者与叙述者保持近距离是很必要的。只要研究者每天都勤奋地誊写叙述文本，他们就能够自由地出入他们与叙述者的亲密关系以及所研究的经验。因而，研究者与叙述者保持亲密关系，同时又能够进行冷静的观察是可能的。

在叙事探究模式中，需要注意的另外一个问题是，"三维叙事探究空间"操作的模糊性。在整个探究过程中，研究者必须时刻提醒自己在特定时间内所处的特定位置。研究者需要对当前叙述的事件的时空位置非常敏感，比如需要意识到事件所发生的场合的细节以及叙述者的内心体验与外部观察的复杂交互作用和关系。敏感的研究者会不自觉地置身于当前所叙述的事件的时空位置上以及内在体验与社会化经验的交互作用中，然后随着叙述者的故事的展开，让自我意识自然而然地流淌。总之，在叙事探究的过程中，研究者要时刻谨记该事件对叙述者的意义、探究的目的、所描述的对象以及叙述者所要表达的内容。

从康奈利和克兰迪宁的思考出发，我们可以确切地说，尽管故事是建立在真实的基础上的，但并不能把叙事仅理解为是讲故事。故事是一种载体，就研究而言不是讲一个大故事或一些故事就完成了，其实它远比写思辨性的文章要难得多，研究者需要非常敏锐，善于从故事中去看问题，发现其中存在的教育意义。另外，叙事当然是有技巧的，但也不是纯粹地运用技巧。我们可以教学故事和生活故事的关联研究为例（参见耿涓涓，2002）[181-232]，在考虑教师信念是如何形成的问题时，可以讲述两个方面的事件：教师的生活经验和课堂教学经验。通过教师的课堂教学事件叙述来发现其教育信念，而从教师的生活经验、生活情境来看教师的教育信念是如何形成的，教师的生活经验与教育信念形成之间也存在着不可割断的联系。

所以，仅有叙事是不够的，研究者需要理解经验叙事的意义和对他人及社会问题的意义。叙事是对许多故事的重新建构，通过意义串联，对许多真实场景进行重新建构，故事是对某一个事件的研究点，而叙事连接所有的故事，形成意义之网。

四、"变熟为生"的文化人类学方法

人类学的研究成果已经渗透到了许多学科之中，而其方法论的发展也对其他学科的发展具有启发意义。马尔库斯（George E. Marcus）是美国加利福尼亚大学欧文分校人类学教授，曾经多年担任莱斯大学人类学系教授，是《文化人类学》

**美国加利福尼亚大学教授
马尔库斯**

（*Cultural Anthropology*）杂志的创刊主编。他对人类学的主要贡献是对文化理论的发挥与运用，他与克利福德（James Clifford）合作主编了影响颇为深远的《写文化：民族志的诗学与政治学》（1986），并与麻省理工学院的费彻尔（Michael

美国麻省理工学院教授费彻尔

M. J. Fischer）合著了《作为文化批评的人类学：一个人文学科的实验时代》（1986）。后面这部重要的著作曾提出：

> 人类文化批评的两种方法是认识论的批评法（Epistemological Critique）与泛文化的并置法（Cross-cultural Juxtaposition）。这两种方法均是"变熟为生"（Defamiliarization）的基本批评策略的变异形式。人类学的基本批评策略是对常识加以分解，对意外事物进行描写，置熟悉的事物于陌生的事物，甚至令人震惊的场合之中。（马尔库斯，费彻尔，1998）[191]

从当代人类学文化批评来看，这两种方法之所以有效是因为它们是把异文化和本文化问题联系起来的人类学批评方法。其中，认识论的批评法认为："严肃的文化批评的挑战在于，把我们在边缘地区所获得的洞见带回到我们生活的中心地区来，对我们的传统思考方式进行刺激。"而泛文化的并置法中的"变熟为生"策略，相比认识论的批评法的"变熟为生"策略更富有经验的明晰性和分析的直观性。它力图使用大量来自异文化的事实来切入本文化的特定事实，以获得本文化批评的效果。其意义在于促使我们在本文化和异文化之间找到强有力的联系点。（马尔库斯，费彻尔，1998）[192-193] 需要注意的是，在并置过程中我们并不能进行简单的优劣判断，而是需要强调自我反省，"自我反省已成为实验民族志的共同主题，而自我反省所提出的问题就是民族志作者自身的文化背景问题"（马尔库斯，费彻尔，1998）[195]。

人类学关于"田野工作"（field work）的做法，就是周密地观察、记录、参与不同文化的日常生活，然后详尽地描述和说明所观察到的现象与文化，并使其成为理论反思的途径。

其实，这样的方法与视角同样适合于教育研究。"变熟为生"对于今天我们所熟知的教育研究来说，其挑战在于，如何把我们在实践场域所获得的洞见带到我们的理论场域中来，对我们传统的思考方式进行刺激。如果它能够改变我们对自己和他人的划分的话，那么它就可以获得更为有效、更有说服力和更为严肃的效果。

这样一种研究的意义不仅在于使我们关注真实的教育生活，

而且对于启发我们如何进行一种自上而下的教育研究，也是非常重要的。教育研究者一方面要进入实践的工作现场，切实地寻找一个可以将自己沉浸进去的工作场所；另一方面当从实践返回时，则能够向学术界和广大读者叙述其从现场工作中所获得的知识与理解。

也许，研究者对于实践场域有一定或相当的熟悉，容易产生不可避免的前见，这种前见在他们选择这样或那样的切入点进行研究时具有决定作用。但在实际研究中研究者必须把熟知的答案或前见悬置起来，把以前熟悉的教育生活悬置起来，研究者并不能根据现存的理论来加以诠释，应该直面需要探究的现象，用现场的眼光来观察和体验教育中的真实生活，并尽可能从自己的理解和与参与者交往过程中的理解和体验出发来进行分析，由此可能产生一种新的理解。

五、中国叙事风格与方法

历史地来看，中国古代叙事文中，真正具有叙事范式的是历史叙事。如杨义所谓："中国叙事作品虽然在后来的小说中淋漓尽致地发挥了它的形式技巧和叙写谋略，但始终是以历史叙事的形式作为它的骨干的，在一个相当长的时间中存在着历史叙事和小说叙事一实一虚、亦高亦下，互相影响，双轨并进的

景观。"（杨义，1997）[15]

　　王靖宇根据他对《左传》《史记》等中国早期历史叙事文的研究，在其《中国叙事文的特性——方法论初探》一文中，对中国叙事文的整体特点做了分析。他认为，从整体来说，中国作者在涉及人物描写时倾向于依靠对话和行动。其他方法虽也可见，但相比之下少得多，对直接的心理探索方法鲜为采用，不像西方叙事文将之作为技巧之一，运用广泛。这基于中国的一个基本哲学观念，真相只能暗示而不能直接表达。就像老子在《道德经》中所谓："道可道，非常道。"又如庄子在《庄子·杂篇·外物》中所说："言者所以在意，得意而忘言。"在中国叙事文中，最受珍视的作品往往是用尽可能短少的文字或尽可能间接的话语来表现出作者的思想感情和情绪的。（王靖宇，2003）[12-14]

　　王靖宇进而以为，在中国叙事文中，叙事者多采用第三人称的手法，不仅体现为一种"史家"叙事，而且间接性的基本美学原则在这里至少部分适用。因为，公开地、详尽地谈论自己，对于中国人的思想方式来说是一种太直接、太露骨的过程。（王靖宇，2003）[16] 由此以故事的呈现方式来说，如侦探故事，在典型的西方侦探故事里，从罪犯犯罪开始到最后认罪的过程是和侦探过程联系在一起的，而中国的"公案"故事常常一开始就明确告诉读者谁是罪犯。读者的兴趣不再是何人为罪犯，

而是侦探（通常是足智多谋的县官）怎样将罪犯绳之以法。（王靖宇，2003）[10]

在《中国叙事学》中，杨义先生做了更为深入而全面的探索，主要从叙事的结构、时间、视角和意象等方面加以论述。

在叙事结构方面，杨义认为，"'结构的动词性'，是中国人对结构进行认知的独特性所在，也是中国特色的叙事学贡献自己的智慧的一个重要命题"（杨义，1997）[35]。其以《史记》的结构作用举例：一是结构的各部分的非同质性，即结构的各个部分不是对等平列的，而往往是处在立体性的多维时空之中，以其错综复杂的关系发挥着互异互殊的功能。二是结构的各部分的非同位性，即人物和事件在结构中的位置具有深刻意义。位置变动，意义就发生实质性的变化，不需添加语言，意义却胜于千言万语。三是由于结构的各部分的非同质性和非同位性，而在部分与部分之间存在的联结性或对比性的关系。结构整体不是各部分相加的总和，而结构的过程是基于整体性所产生的结构张力，形成一个完整的生命体。（杨义，1997）[37-39]

概括来说，结构具有顺序性、联结性和对比性三个要素。三者是"相互贯通、互动互补的，顺序以见结构的模样和层次感，联结使结构的各部分承接、转折、组合、贯穿，形成整体，而对比则使结构参差变化、波澜曲折、比例协调，使整体性中增添了生命感"（杨义，1997）[60-61]。

这也体现在中国对于叙事时间的整体性的关注。从中国的
"年－月－日"这一不同于西方主要语种的"日－月－年"的
时间标示的表达形态来看，它集中体现了以时间整体涵盖时间
部分的思维方式以及相对于西方分析性思维的整体性思维特点。
（杨义，1997）[5, 122, 190]

杨义进而指出，中国历史叙事在总体上采取了全知的视角，
而在小说中多采取了限知的视角，但真正值得重视的是在中国叙
事文中所体现出的流动视角这一特点。并且，无论是从全知到
限知，还是从限知到全知，过程方式是流动视角。而把视角的
流动贯通作为一个过程来处理，这是与我们民族的认知心理结
构和天人之道探究贯通的哲学根基相关的。（杨义，1997）[221-222]

我以为，倘若从中国传统的绘画艺术构图来看，则更有说
服力。如果把限知比为定点透视，西方绘画则是十分强调依几
何学的科学测算构造一个透视空间，一切视线集结于一个焦点
或消失点。而中国宋代画家郭熙在其所著的《林泉高致·山川
训》中提出"三远"法：

> 山有三远，自山下而仰山巅，谓之高远。自山前而窥
> 山后，谓之深远。自近山而望远山，谓之平远。高远之色
> 清明，深远之色重晦，平远之色有明有晦。高远之势突
> 兀，深远之意重叠，平远之意冲融而缥缥缈缈。其人物之

在三远也，高远者明了，深远者细碎，平远者冲澹。明了者不短，细碎者不长，冲澹者不大。此三远也。

对此，宗白华先生认为，中国的"三远"法，对于同此一片山景"仰山巅，窥山后，望远山"，我们的视线是流动的，转折的。由高转深，由深转近，再横向于平远，成了一个节奏化的行动。（宗白华，1981）[90]

这种方法又可以称为散点透视。在中国传统书画之视觉运用中，所谓散点透视，是指不受固定视圈的限制，在不同的视点上，将不同的视圈内所观察的事物巧妙地组织在一幅画里，使得视点像是在移动。这种散点透视法，在一些结构复杂、场面广阔的画幅里，更是经常地被使用（如《清明上河图》等）。

中国哲学家、美学家、
诗人宗白华

关于这种透视法，宗白华先生还有一段精彩的论述：

西画的景物与空间是画家立在地上平视的对象，由一固定的主观立场所看见的客观境界，貌似客观实颇主观（写实主义的极点就成了印象主义）。……中国画的透视

《早春图》，绢本，水墨。纵 158.3 厘米，横 108.1 厘米。历代流传有绪，现藏台北"故宫博物院"。图中水气浮腾，薄雾轻笼，新叶初发，春水流畅，将万物复苏的早春时节描绘得欣欣然。图中人物活动、舟船楼阁的布局都服务于主题。其构图幽奇，意境清旷，石状奇特，山光浮动。苏轼写的诗句"玉堂昼掩春日闲，中有郭熙画春山。鸣鸠乳燕初睡起，白波青嶂非人间"，与此画境界相似。其表现手法上高远、深远、平远之法互用，紧凑的山石与长长的河流相互映衬，使整个画面给人以时带分明、清新愉悦之感。画左署"早春，壬子年郭熙笔"。

　　法是提神太虚，从世外鸟瞰的立场观照全整的律动的大自
然，他的空间立场是在时间中徘徊移动，游目周览，集合
数层与多方的视点谱成一幅超象虚灵的诗情画境。……故
中国画的境界似乎主观而实为一片客观的全整宇宙，和中
国哲学及其他精神方面一样。（宗白华，1981）[111]

　　其实，这种在中国书画上的方法特点，在中国传统史述、
文学作品（比如《水浒传》《三国演义》《红楼梦》等）中也有
充分的体现。而且，这种在视角流动方面的创造远比西方现代
立体画派要早得多。

　　至于意象，杨义认为，意象"借助于某个独特的表象蕴含
着独到的意义，成为形象叙述过程中的闪光的质点。但它对意
义的表达，又不是借助议论，而是借助有意味的表象的选择，
在暗示和联想中把意义蕴含于其间"（杨义，1997）[276]。这种表
象或以某种自然之物，或以某种社会或文化事物等呈现，成为
叙事中极富光彩和中国特色的叙事策略和方式。

　　于连（Francois Jullien）[①] 在《迂回与进入》中以为，从思维方
式影响表达方式的角度来看，中国人不是挖掘表象性，而是在
关联的基础上建立对世界的看法。中国人关心的是顺应隐喻的

---

① 巴黎第七大学哲学系教授，法国当代思想研究中心主任。

价值，而不是象征的表达。所以，从最普遍的意义上讲，中国思想的确是一种关系性的思想。（于连，1998）[384] 他还认为：

法国巴黎第七大学教授
于连

　　在中国人眼中，世界就是潜在与显明之间的不断互换，是在不言明与明言两极之间的言语过程。最成功的中国作品甚至把关联作为其运作的原则：在中国如此普遍运用的平行表达之中，每一个相对的表达都通过另一个得到理解，正如人们所说必须"互文见义"。所以，在中国，意义的迂回没有任何过分雕琢：因为当我说这一个时，另一个已经涉及，而说另一个时，我更深切思考的是这一个。这就是为什么迂回自身提供了进入。（于连，1998）[385]

　　综上所述，如果对中国叙事的风格和方法特点做一个简单概括的话，那么可以说：一是中国叙事以各部分非同质性、非同位性，还有部分之间存在的联结性或对比性的关系，形成结构张力；二是以视角的流动贯通，形成整体性思维特点；三是依靠对话和行动，并借助有意味的表象的选择，在暗示和联想中把意义蕴含于其间。

众所周知，在中国的科技史上，发展得最充分的是观察科学，其典型代表是天文和历法，从这一点来看，可以说，我们民族的思维方式是比较直观的、整体的。即使是思辨性较强的《易经》，也是以直观的思维文化作为基础。表面上看，《易经》似乎有些"符号逻辑"的味道，所谓"阴爻""阳爻"，用"阴爻""阳爻"组成"八卦"，然后八个"单卦"组成六十四个"复卦"，但这些符号里面所包含的意义却是"阴阳消息"，从阴到阳，从阳到阴，用来解释自然的季节变化和消长。而阴阳又代表天、地、人"三才"的构成，蕴含一种阴阳和合、男女交媾，进而产生自然、社会的思想。这里都是从非常直观的角度来考虑问题，所以通过八卦，可以仰观天象，俯瞰人文，尽管这里没有区分所谓自然的法则和人文的法则，但中国的思维就是如此。

正如前面所说，中西方的思维差异在绘画中表现得更为明显。中国绘画乃是散点透视，例如画一个立轴，山上能看见，水中能看见，房子里也能看见，是全方位的散点透视。以文艺复兴时期达·芬奇为代表的西方画家的画作采用的是焦点透视，并且建立在解剖学的基础之上。两者相对比，中国的艺术思维更注重整体，而西方艺术思维更重局部细节。

其实，不仅中国传统史述、文学、艺术如此，如《论语》

**中国古代思想家、教育家
孔子**

也是采用这种思维方式的叙事作品。作为中国教育叙事传统的代表作之一,《论语》通过孔子的学生回忆、口述及讲故事的方式，描述孔子和学生在不同情境中的教学与交往故事，反映出每个人都有鲜明的思想、性格与品质,"研究"了教师孔子的生活与思想，从而构成一部意义丰富的教育叙事作品。

这是因为不同的民族文化孕育不同的思维方法，而每种文化都会产生它自己的解释、理解和处理现实的方式方法，并把这些方式方法传递、组织成技艺，把它们发展为真正的杰作。我们必须深入到社会的文化历史中去寻找教育叙事思考和实践的源泉，我们需要考虑今天的教育叙事研究的文化依据以及知识的文化特征及其背后的思维方式特征，并由此建构、展开自身的教育叙事研究。

对于教育叙事而言，如何在研究中确实地考虑中国自身叙事的风格和方法特点，是值得我们一再思索的。

六、教育叙事研究的一般方法

教育叙事的主要目的在于关注日常教育实践与经验的意义。

我们知道，教育都是在一定的制度环境下发展的，制度要求的是共同的规范。但我们的教育实践却是多样丰富的，这是因为在教育的日常实践中，我们面对不同的地域文化环境，不同的学校、师资和生源的状况，只有因地制宜才能求得自身的发展，才能契合实践需求。因而，结合实践的教育研究只有着力关注这种日常教育生活中的活动、感受、体验与诉求，才能彰显其活力而呈现多样丰富的教育意义。教育叙事正是这样切入学校中个体和集体的教育生活经验，使教育研究回归教育生活本身，使我们在理解和分享中领悟自身教育实践活动的意义，并成为教育研究的一种重要方式。

那么，如何理解教育叙事研究的一般方法呢？我以为，从一般的方法论角度出发，这主要在于三个方面：一是进行经验收集；二是提供意义诠释；三是注意伦理规范。

（一）进行经验收集

教育叙事研究可以立足于日常教育实践。也就是说，课堂、学校，甚至所有存在教育的地方本身都是我们进行教育叙事研究的场所或现场。在教育叙事中，自我与社会均是叙事之物，社会条件、话语和叙事实践交织在一起，塑造了自我及其身份的属性。但是，即便是自身或他人的叙事，都不仅仅是事件的实录，而体现为研究者与参与者之间的合作关系，并且是一种经过选择、演绎、诠释的经验经历过程。这种经历通过以下几个方面来进行经验的收集。

个人经历或故事素材的收集

经历尤其是个人经历，因为其影响常被熟视无睹，而引不起任何关注。比如你在路上碰到了一位熟人，这一经历会有什么影响就很难察觉，这是就表层而言。但就深层的意义而言，经历又是影响人生的核心力量，能给人留下难以磨灭的印象。叙事研究者正是力图从这两个层面来了解影响个人生活的诸多因素，想要获取的正是那些对个人生活而言看似平淡无奇却产生深层影响的自我故事或个人经历故事。

我感到，叙事的运用恰恰对我们如何去关注具有差异的个体非常有用。社会学过去认为，个体的特点，或者说他的一些特性是存在于群体当中的，是群体赋予他的。因为社会学非常讲究现场、现象，然后是群体，最常用的词是"场域"。所以一切都在其中，个体不可能有独立的特性，特性一定是群体赋予的，个体的个性一定是在群体当中才能彰显出来。群体是怎么形成的？群体的形成一定要具有相对的同质性。问题是，同质的群体如何可能产生一个一个具有特性的个体，或者具有各种各样特性的个体如何可能组成一个同质的群体？从本质方面来说，教育通常被认为是为了社会发展和为了个体发展，教育学教科书都是这么写的。但到底以谁为基础呢？又要为社会，又要为个体，结果两个范畴成了一对矛盾：要么为社会，要么为个体。我以为，教育的任务是促进个体的社会化，我们是通过不同个体的教育实现社会化，当然关注个体是我们首要的任务。所以我们在教学当中要因材施教，我们要调整我们的教学策略以符合不同学生认知的需要。教育理论正应该从这方面去做。

回过头来说，个人经历故事是指那种将讲述者的自我与一系列意义重要的个人经历联系起来的叙事，包括自我讲述的个人经历故事，由他人讲述的个人经历故事。自我故事是讲述自我的经历，讲述者对所发生的事情进行诠释。自我故事可以同时处理过去、现在与将来，讲述的是讲述者人生历程中不断出现的问题，而个人经历故事则只讲述过去发生的事情。

我们需要探究个人经历故事，我们必须明了每个人的个体生活是由多种故事组成的，我们需要深入挖掘个人历史，因为每个人都有许多不同的生活故事。我们必须明白个体生活是由多种叙事构成的，没有哪一个自我故事或个人经历故事可以容纳个体生活的全部经历，也没有哪个个人历史能够包含有关个体生活的全部自我故事。另外，每个人的处境、想法不同，因而只有多元和混合的收集，才能产生能够解释复杂事实的多元叙事文本，以保证被研究的个体在任何一次探究中均可以得到公平而且正确的对待。从这个意义上讲，个人历史是指在自我故事以及个人经历故事的基础上，对个人的生活进行重构。这类历史可以围绕某个人的生活或传记展开，也可以将某一群体或制度性的活动作为关注的焦点。

其中，叙事是一种讲述性的编故事、讲故事的过程。故事作为一种描述，叙述不同情境中发生的一系列事件。故事包括开端、中间和结尾。每个故事均有一定的结构特征，包括叙事者、情节、场景、人物、事件。那些无法忘记并能再现出来的经历将会成为故事所叙述的基本内容，而我们也凭借记忆或再现走入逝去的经历，通过再现，通过讲述故事的方式，来研究过去的经历。

就个人经历或故事素材的收集而言，口述史是一种基本策略。口述史可以采用强调研究者意图的问题结构，也可以是显现参与者意向的自述，是在此基础上形成的自传或传记的事实撰写，而传记式的自传或传记的事实撰写依赖于故事、叙述、叙事的收集和分析。

英国学者汤普逊（Paul Thompson）在口述史研究方面算是一个权威和先驱人物，是《口述史》（*Journal of Oral History*）的创办人。汤普逊所著的一部关于口述历史方法的著作《过去的声音：口述历史》（*The Voice of the Past: Oral History*）提出，口述史的整理可以通过三条途径来展开。

首先，是对生活经历的单纯叙述。对一位记忆丰富的

被访者来说，他除了完全公平
地对待口述材料外，恐怕没有
别的什么选择了。对生活经历
的单纯叙述并不需要把某个人
的生平呈现出来。许多比较突
出的案例表明，对生活经历的
叙述应该始终把整个阶级或整
个共同体的历史传达出来，或
者成为重构极为复杂的系列事

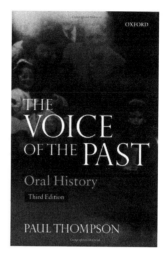

《过去的声音：口述历史》

实的线索。……第二种方式是收集故事。既然这些故事并
不像单纯叙述那样，每段都需要具备完整和丰富的特点，
因此它是呈现更为典型的生活史素材的更好方式。与此同
时，它也可以使我们根据普通的主题来整理故事，把它们
按照整体或部分的形式分组，并借此构建更广泛的历史阐
述，更加便当地利用这些故事。……第三种方式便是交互
分析（Cross-case Analysis）：口头证据可以被看成是一种
组建论据的宝藏。当然，我们也很有可能在写作过程中，
把这种分析与对更加丰富的生活经历的呈现结合起来。我
在《爱德华时代的人们》中，便选用了一系列家庭图片将
不列颠各种不同的社会阶级和地区展现出来，而且，这些
图片也可以与各种显得更直接些的分析章节交织在一起。

但是，只要我们以分析作为首要目标，证据就不再以生活经历这种方式来左右其整体形式了，这种形式只能在整句的内在逻辑之中浮现出来。大体上说，这个过程需要更为简明的引证，在不同访谈所获得的整句之间进行比较，并把整句同其他类型的材料来源结合起来。很显然，对任何历史阐述的系统发展来说，论证和交互分析都是极其重要的。（汤普逊，1999）[220-221]

汤普逊认为，在传记和交互分析之间存在着特别强烈的张力，而这是建立在口述史自身具有的实力上的。精美雅致的历史学概括和社会学理论总是悬浮于普普通通的生活经验之上，而后者恰恰是口述史植根其中的沃土。这种张力证实发展的动力，它蕴含在历史和真实生活之间。（汤普逊，1999）[221-222]

关注日记和日志的运用。日记提供个人对即时事件的描写、感受，通常是属于个人的记录。日志则不一定为即时记录，而体现为对事件的回顾、反思和评价。作为研究素材，日记或日志如果是他人的，使用时必须取得本人同意。这部分素材对于丰富叙事的经验记录很有用。

另外，可能的话，把书信运用于叙事。书信是写给其他人并期待对方做出答复的，书信往往能够揭示许多关于个人思想的知识和社会背景，如鲁迅与许广平的《两地书》，不仅是两人交往的记录，也能够反映出当时的社会背景和鲁迅本身的思想。

进一步深化叙事

除了收集素材和撰写故事之外，研究者还需要通过与参与者深入交往而进入参与者的内心世界。在叙事研究中，我们必须清楚意义、理解以及诠释是无法统一的，我们不可能通过一套规范并有固定选项的问卷来获取事件的意义、理解和诠释，如果我们把故事看成一种叙事形式，则可以通过有结构的或没有结构的访谈，来获取我们所需要的故事。为了进一步深化叙事，我们也可以从两个方面入手。

一方面，从主观经验入手。

（1）结构性的访谈。根据自己想知道什么设计一系列恰当的问题，然后以这些问题为基础展开谈话，获取自己想要的信息。它主要采取经过精心准备的问题，并以这些问题来问被访者。其长处在于能够通过这样的问答，简捷地了解被访者的故事，目的性和引导性强。但是，这也容易使问题简单化，而忽视问题以外可能存在的重要材料。

（2）非结构性的访谈。访谈没有固定的形式，双方可以想到哪儿说到哪儿。这种访谈方法往往可以收到意想不到的效果，尽管其可能会导致烦琐的记录，增加访谈者整理谈话记录的工作量。但其避免了引导性的问题，而更多地采用中性的问题，如"你喜不喜欢你的工作？""你对你现在的工作感觉如何？"。

这样的提问艺术在于，能够避免被访者使用访谈者的提问方式来回答问题，而促进他们用自己的方式思考。

我们比较主张采用非结构性的访谈，从而避免引导性，也就避免了一个研究者用自己的思考去引导参与者的思考，并能很好地把参与者的所思所想引出来，而且根据参与者的观点来组织经验材料。比如你到一个学校问一名教师，你们的校长做得怎么样。如果他不知道你什么来头，有什么想法，你说他会很直截了当地回答校长不好、校长很好吗？说校长很好，那似乎有奉承之嫌；说校长不好，他就要想想这会有什么后果。所以他很可能跟你转来转去。如果你根本就不问这个问题，让他谈他的工作，想谈什么就谈什么，你只是跟着他的思路走，事实上你也可以了解到这个校长的工作是怎么样的。比如他会说到对自己的教学还有些不满意，或者感到自己能获得的培训机会还是比较少，或者学校的时间排得比较紧，等等，这不就反映了校长的管理问题吗？这些问题都是在采访中随意体现出来的，而且反映了教师对管理层面的一种实际想法。这会很自然地出现。在以往的课堂上，学生坐着要背手，在这样的课堂上，即使你强调师生要互动，孩子说话时也是很难受的，也不敢乱说。美国人在课堂当中，坐姿相对随便，甚至可以喝喝咖啡，教师也可以坐在讲台上。这在中国是不可想象的。尽管这是一个文化差异，但是在教师和学生都很放松、随意的情况下，你想，教师和学生是什么话都敢说的。所以在非结构性的访谈中，营造这样一个环境，而且让参与者的思想自由发挥，你就可能在细节当中发现非常重要的资料。这个是非常有用的！因此，开放式的访谈就非常符合叙事研究所提出的参与性观察、交往行动和叙事收集的要求。访谈者需要具有高明的提问和倾听的技巧。访谈的实质是对话，是两人或多人之间平等的基于彼此信任的交流。

（3）注意倾听。倾听的关键在于让别人说，而不轻易打断别人的讲话，要关心和尊重对方，对对方的观点表示理解和同情。我们始终需要敏感地关注被访者的感觉，并自始至终表现出自己的兴趣，彼此赢得信任，并知道自己想倾听什么。

（4）了解必要的信息。首先，要想有一个成功的访谈，在访谈之前还需要通过阅读和某些调查等方式来进行背景信息的相关准备工作。其中，有一条普遍适用的道理，即一个人知道得越多，他就越希望从访谈中得到有意义的信息。（汤普逊，1999）[184]

其次，要尽快地掌握相关的实践知识和术语。否则，当你并不了解对方的工作环境时，你的访谈就可能是不着边际的，也易引起对方的不信任。任何的访谈所使用的问题都需要尽量简明和直接，尽可能使用人们所熟悉的语言。

再次，要明确的是，访谈的目的不是要去寻找那些本身带有价值的信息和证据，而是使对方回顾他们的整个生活，努力追寻那些细致入微的记忆。因为，意义、价值等信息和证据的获得，是你在为撰写研究文本而整理访谈事件和信息时的工作。

最后，你需要考虑使用什么样的设备来进行访谈。一般可以用录音机和一些能够唤起对方记忆的相关物品。录音机的使用，能够方便访谈后的记录整理，也可以使访谈时不必忙于记录，而保持自然的交谈状态。但是，使用录音机时需要征得对方的同意。

需要强调的是，现场笔记可以作为深化叙事的重要手段。现场笔记作为深化叙事的方式，既可以由研究者自己进行观察或访谈时撰写，也可以由研究者草拟思路，由参与者撰写。在形式上，其不是单纯的资料性记录，而可以有多种形式，如：

描述性记录，这是指对于当时场景或氛围的理解性描述。

理论备忘录，即由观察而联想到的相关理论观点。访谈者当时的联想往往是一瞬间的闪现，过后容易遗忘，而及时记录下来会给以后的研究与思考带来极大的便利。

观点摘录，即及时地记录和梳理受访者所呈现的观点和意见。

一己之见和推论等，即访谈者可以在观察或访谈中记录自己当时的感受和想法，这对于以后的诠释工作具有重要的参考价值。

另一方面，注意相关的客观背景资料。

如果说，以上的做法是从主观经验方面入手，那么我们还需要注意相关的客观背景资料。

（1）年鉴和编年史。年鉴为个体或机构提供关于重要时间或地点的简略历史资料。编年史则比年鉴更具主题性。它们均可为研究者提供研究时间段的历史和主题的背景。

（2）文献分析。文献在叙事中具有特殊的、重要的价值，文献中有关叙事的日期、作者、任务、背景事件、政策、观点、氛围等信息，于研究者对叙事背景的阐述具有重要意义，并且研究者可以借此对观察或访谈的材料进行交互检验和分析，同时把观察或访谈的信息和证据放到更为广阔的背景之中。如此，即使访谈中有某些无法确认的特定细节和事实，我们也可以从整体上判断其是否真实。

从以上两点来说，尽管叙事研究发掘的主要是人们的内心世界和心路历程，但是客观事实世界的交互验证与穿插，依然是保证叙事真实性的重要方面。只不过，叙事研究是把以往的客观事实世界从前台转向后台，交织使用主观的内心世界和客观的事实世界。

（3）任何纪念性物品，如照片、奖品、纪念品等。前面提到，这些物品不仅有利于当事人对以往事件的细节回忆，而且对唤醒记忆非常重要。

总之，作为一种社会建构，教育叙事中的故事往往包含意义更为广泛的文化及历史信息。即便是自我的叙事也离不开个体所处的历史时代以及自我所属的地方文化体系，在特定文化体系内的叙事实践自然会对其产生影响。叙事研究者应具备这种反思性。他们通过故事描写自己和他人的现实状况，通过故事与生活相互联系，彼此界定对方。

（二）提供意义诠释

叙事不仅仅是记录与叙述故事，更是一种不断反思自身教育生活与实践的专业精神以及对教师和学生在日常教学情境中的教与学进行追问的过程。这种反思与追问在叙事研究看来，是对经验的重组和理解以及提供意义诠释的过程。如果研究者期望自己的诠释探究能够引导读者反思自己的经验，并归纳其中的意义，那就需要对被纳入叙事中的事件进行深度描述。

深度描述

可以说，没有深度描述，便不会有深度诠释。在进行深度描述的过程中，研究者试图把握的是个人交往经历中出现的行动、感受与意义（Geertz，1973）[20]。

深度描述必须把握研究参与者的行动，以便将其意义揭示出来。要实现这一点，研究者需要采取以上所举的多种方法，来记录研究对象的生活经历。深度描述既是传记性的，又是交往性的，它所描绘的特定交往经历均包含在自我故事和个人经历故事之中。

描述即是把要诠释的行为或过程描述出来。描述或深或浅，而浅度描述只是列出事实，例如：

2005 年 12 月 20 日，上午 8 点，W 校长来到办公室，准备打开电脑，看看老师们的博客。

同样的事情，深度描述则可能是这样的：

W 校长先倒了杯水。他有个习惯，每天一上班先打开学校的网站看看昨天老师们发表的新的网络日志，因为自从学校建立了博客之后，老师们的积极性很高，这成了老师们敞开心扉、分享专业经验的共同平台。他还记得这几天大家对一位老师关于课堂纪律的日志讨论得十分热烈。他把电脑打开，开始浏览。他昨天就在想应该参与一下，谈谈自己的看法，再与老师们做些讨论。

美国伊利诺伊大学教授邓金

　　我们对比一下就可以发现，浅度描述只是交代了行动的事实，而没有描述行动的意图和情景等。

　　在邓金（Norman Denzin）看来，深度描述具有以下四个方面的特征：（1）描述行动的来龙去脉；（2）交代行动是在何种意图与意义的作用下组织起来的；（3）追踪描述行动的变化与进展；（4）将行动描述成可以细细解读的文本。

　　他认为，简单地说，深度描述具有以下几个特征（邓金，2004）[124-125]①：

　　1．它以多元的传记方法为基础。

　　2．它把自传与活生生的经历联系起来。

　　3．它是情境性的、历史性的和交往性的。

　　4．它能够生动再现特定社会情境中的个人或群体的人生历程。

　　5．它能够揭示个人生活经历的意义。

---

① 邓金于 2001 年在英国塞奇出版社（SAGE Publications, Inc.）出版了 *Interpretive Interactionism*（2nd edition）。周勇将之翻译为《解释性交往行动主义》，于 2004 年由重庆大学出版社出版。我以为，"interpretation"和"explanation"虽然在英文文献中有交替使用的现象，但两个词严格来说是有区别的。"explanation"可译为"解释"，意指因果关系；"interpretation"可译为"诠释"，意指多义。而在质性研究中主要采用诠释的方法，以与因果关系的解释相区别。因此，将邓金的书译为《解释性交往行动主义》有所不妥。但我在此处主要参考了译者的译文，为了尊重译者的工作，故只是在引文中将"解释"改为"诠释"。特此说明。后同。

6．它能让读者走入它所描述的人生经历，身临其境地体会其中的基本意义。

7．它不会笼统地诠释它所描述的东西。

总之，深度描述必须呈现研究对象是如何理解其周围所发生的事件的，与此同时，它还须尽量将交往过程中出现的各种理解活动揭示出来，从而为深度诠释奠定基础。

素材提取

有了以上的叙事素材，我们还需要对这些叙事素材进行提取、分析，并界定这些叙事事件如何形成、改变的基本元素和基本特征，以及它们之间的相互影响和相互作用关系。并且，我们要将收集来的所有故事和叙事素材进行比较，分析每个故事的主题，然后将这些互不相同的主题重组成一个完整的事件发展过程。

需要强调的是，所有关于教育叙事研究的论著，既不可能穷尽各类的研究策略，也没有穷尽研究主题的范围。我们可以看到，在扩展我们对这些经验的认知之时，无论是在学校内还是在学校外，发生的事件都能作为研究的主题。教育的叙事研究可以采取许多形式，在许多不同的场域（settings）中进行。

许多学者做过关于中国教育的一些叙事研究。许美德关于中国知名教育家的故事，通过六位知名教育家的叙述（从他们

的家庭和早期教育，直至他们事业生涯的发展），提供了长达 80
多年中国教育发展的主要图景，其中也关注到他们度过事业生
涯的那些大学和曾经生活及工作过的不同地区，力图认识和理
解他们共同经历过的重大变迁的历史进程。（许美德，2001）[1-74]
黄向阳关于一个小学校长的笔记的研究，则基于一位小学校长
1978 年以来的工作笔记，对其 20 余年的校长职业生涯进行个案
研究。据其工作内容，识别他的办学思想；依其办学思想，解
释其任职学校的沿革；从一所学校的沿革，展现改革开放以来
我国基础教育改革与发展的基本线索。（黄向阳，2002）[233-292] 刘
云杉关于一位私塾教师的生活史研究，是通过对清末一位塾师
长达 40 余年的日记所做的文献研究，彰显了科举废除前后一位
私塾教师所体验和感受的文化、国家、社会的种种权力，以此
透析士绅与国家的关系。（刘云杉，2002）[143-173] 而耿涓涓关于
一位初中女教师的叙事探究，透过一位普通女语文教师的教学
故事，归纳她的教学行为惯例；透过她对个人专业成长的自述，
挖掘并认识隐藏在其行为背后的个人教育信念；透过她的生活
故事，在更宽广的视域中理解她个人教育信念的形成。该研究
意图在活的故事的叙述中，观察中国文化环境中教师个人的专
业发展、普通教师的教学思维以及理想与追求，由此展开我们
对教育信念的理解。（耿涓涓，2002）[181-232]

    我把她的素材提取和研究结构归纳为图 4-1。

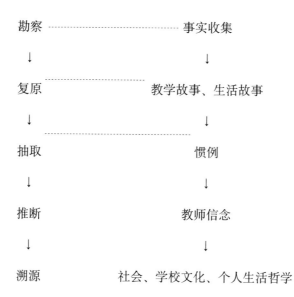

图 4-1　素材提取与研究结构举例

　　这里，我们可以发现她对叙事素材进行了提取、分析和界定，并在梳理这些叙事素材之间的相互影响和相互作用关系时，对收集来的所有叙事素材进行比较、分析和归类，然后将这些叙事素材重组成了一个相互关联的事件发展过程。

　　深度诠释

　　经历和实践经验的意义是由一系列交往过程构成的，或者说，意义是隐含在所有的叙事事件和故事之中的。只有对这些叙事事件和故事进行诠释，经历和实践经验的内在意义才会逐渐被人领会和把握。

　　事实上，描述之中总是包含诠释，这包括叙事研究对象如何诠释自己身边发生的事情，记录个体对于自身交往活动的理解，进而为研究者诠释事件及其意义奠定基础。此外，那些记录事件的词语同样也是诠释性的。深度诠释不仅赋予描述以意义，而且还要诠释事件（故事）中的诠释。好的诠释能把"我们引入诠释对象的内心世界"（Geertz，1973）[18]，进而揭示"研究对象的行动背后的意义支撑"（Geertz，1973）[27]。

但是，叙事有着许多模式，各种叙事均可以赋予生活事件以某种意义。当然，叙事并不产生任何有关事件的真理，也不反映经验的真理，叙事只是产生对事件的反思。从这一意义上讲，叙事所呈现的是个体对所知世界的反思而不是所知世界向个体呈现的它的"真理"。

深度诠释可以建立起一个分析与理解的系统，从而将经验世界的丰富意义揭示出来，而诠释得来的意义常常是象征性的，可以分为表层和深层两个层次。我们致力于揭示、呈现交往经历的多重意义结构，就是试图从多重的角度揭示交往经历的意义。应该说，任何一个场景中发生的事件都具有多重意义，与此同时，每个人对于经历的理解也是不一样的。之所以如此，是因为意义不仅是情感性的，而且是传记性的。意义内在于个体所讲述的人生经历故事之中。只要对这些故事进行了诠释，就能使人们理解其中的意义。在理解的过程中，经历的内在意义会逐渐地被人们领会和把握。理解既可以是认知性的，也可以是情感性的。由此，诠释是理解的基础。光有描述是不够的，研究者还必须将诠释与理解呈现给读者。

作为叙事的诠释策略，在邓金看来：第一，研究者应该将研究对象或案例置于他所研究的社会群体中；第二，研究者不仅需要在个体的生活中识别出问题行为或事件，而且还要把握那些在个人经历故事或自我故事中出现的行为与事件；第三，研究者必须对各种人生经历故事的叙事特征展开分析；第四，研究者必须将个体的叙事与其生活联系起来。（邓金，2004）[73]

他把诠释具体分为解构、把握、化约、建构和深化等几个步骤。

解构的任务在于梳理相关的研究成果。

把握现象是指在真实自然的社会世界中定位自己所要研究的现象，是研究者对于现象所要展开的探索。把握现象包括以下三个步骤。（1）收集与现象相关的多种案例和个人经历故事。（2）确定研究对象遭遇过什么样的人生危机和有什么样的心灵发现。（3）从研究对象那里获得与自己所研究的问题相关的个人经历故事和自我故事。

化约就是将现象从其所发生的自然世界中提取出来，从而对它展开分析。研究者剖开现象，分析、界定它的构成元素和基本结构。在此过程中，研究者可以将现象看成一个文本或一份档案，或者看成一个正待研究的事例。在这个阶段，研究者必须直面所要探究的现象，并且尽可能地从自己的理解出发来分析现象。化约涉及两方面的工作：一是将文本（现象）处理成单元，每个单元均有一个重要的经历发生；二是对每个单元展开诠释。更具体地说，化约过程包括以下几个步骤。（1）从所要探究的主题出发，将个人经历故事或自我故事中的关键阶段与叙述提炼出来。（2）诠释这些阶段的意义。（3）如果可能的话，收集研究对象对这些人生阶段的诠释。（4）对这些诠释进行分析，看看它们对于现象的基本特征与状况说了什么。（5）以上一步得来的现象的基本特征为基础，整理出一份暂时性的有关现象的陈述。

建构以化约为基础。在这一阶段，研究者对现象进行分类、整理，并将它重组为一个协调的整体。如果说化约是拆散的话，那么建构则是将碎片重新组合在一起。建构分为以下几个步骤。（1）列举现象经过化约之后的基本元素。（2）参照现象发生时的情形，整理基本元素。（3）分析每个元素对其他元素产生的影响以及各元素之间的相互作用关系。（4）分析现象的结构及组成部分可以组成什么样的整体。

深化分为以下几个步骤。（1）获得并展示个人经历故事和自我故事，这些故事必须包含化约和建构阶段对现象进行分析之后发现的基本特征。（2）展示个人经历故事中另一些对照性的故事，从而揭示事件发展过程的多样性。（3）说明不同经历

是如何塑造、改变事件发展进程的基本特征的。（4）对收集来
的所有故事进行比较，分析每个故事的主题，并按这些互不相
同的主题重组一个完整的事件发展过程。（邓金，2004）[79-86]

　　这里需要特别强调的是，叙事研究中的故事不会是仅仅依
赖只言片语的记录，或者案例式的客观事实记录，即如法律中
的"判例"那样[①]。对于叙事研究而言，情节和情节的编排、场
景和场景的多元性、事件和事件的完整性，是以故事方式进行
叙事的三个基本要素。叙事正是在这个方面与其他的研究方式
相区别。

　　在此，我们可以简约地说，叙事研究首先通过参与或观察
给出故事叙事，这可以是单个完整的故事，也可以是数个故事
关联成的一个完整的事件。然后把所有的故事根据事件的关联
性分成若干个和系列的关键故事组单元，接着一一分析这些关
键故事组单元，并将其中的意义与每个关键故事组单元串联起
来，由此使这些关键故事组单元形成由其内在意义组成的意义
群。在这之后，将这些基于关键故事组单元形成的意义群加以
关联、发展和提炼诠释，寻找出研究本身的主线灵魂，从而使
叙事形成一个整体（见图4-2）。

―――――――――

① 斯塔克说："人们往往偏爱案例研究……，因为从认识论的角度上讲，它能引起
　读者的经验共鸣，也正因为这一点，人们很自然地会以案例作为归纳的基础。"
　（Stake，1978）[5] 教育叙事的研究者期望自己的诠释能够引导读者反思自己的经验，
　并归纳其中的意义。对诠释来说，案例缺乏深度描述，因而也缺乏诠释的基础。

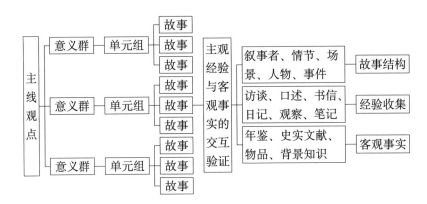

图 4-2　教育叙事结构方法

总之，研究者所要探索的问题可以归纳为"如何"，而不是
"为什么"。诠释性的研究乃是要去探索交往个体的困境或人生
转折经历是如何形成的，个体又是如何理解这些经历并赋予其
一定的意义的。

因此，教育叙事研究需要"问题意识"，但这不等于"理论
预设"，我们可以带着问题去参与经验，在经验中去理解，在理
解的过程中形成理论的思考。

这点也如布鲁纳所说：

> 伟大的故事激发人们寻找问题，而不是上一堂问题解
> 决的课。它与困境深深相关，与过程相关，而不是与这个
> 过程通向的目的地相关。（布鲁纳，2006）[16]

通过研究我们可以将社会交往的意义、细微差异、内涵与结构一层一层地揭示出来。因为这些层面极其多元复杂，而且常常相互矛盾，有的来源于他人的生活史，有的则是由个体自己造成的，所以叙事研究还得去揭示这些经验背后的知识及控制机制。叙事研究者就像作家或画家那样，让读者在自己的文本或绘画中来回穿梭，使读者自己就能辨认出来研究者精心刻画的人类经验片段。

（三）注意伦理规范

最后，我们需要讨论如何成为一位在伦理上负责的研究者。思考一些研究伦理上的问题和风险，对于保障研究的参与者的利益是重要的，而且研究者应该将这些结合进自己的研究计划之中。这些规范的目的在于：

第一，确保研究的参与者是自愿地参与研究，并且理解这项研究的性质以及所包含的危险和义务。研究者应该在给予参与者的材料或协议中说明这个研究的情况、研究的发现将如何处理、参与者可能面临的风险以及其他适当的信息。参与者在这个材料或协议上的签名将被作为"知情的同意"之证据。在研究中研究者要尊重参与者并寻求他们的合作。虽然有些人赞成隐秘的研究，但在一般的情况下则有共识，意即研究参与者必须被告知研究者的研究兴趣，并同意研究者进行研究。研究者既不应该欺骗研究参与者，也不应该用隐藏的工具来记录谈话。

第二，对研究参与者的身份必须保密，除非当事人同意你使用真实的姓名和单位等信息，这样搜集到的资料才不会使其感到困窘，或是以其他的方式伤害到参与者的利益。匿名方式不仅仅体现在写作上，还要延伸到研究者透过观察所得到并在口头上表达的资料中。研究者不应该将关于个人的特定信息透露给他人。

第三，当研究成果正式发表或出版之前，你应该让参与者事先有机会阅读你的写作文字，参与者可以调整其认为不合适的内容或说法。如果你以这种方式来取得参与者的同意，就必须遵守和实践你的约定。

作为一位研究者，你必须知道如何界定你的责任。对研究者而言，伦理的问题应被理解为他们对于那些在研究过程中所接触到的人们的义务，而不是狭隘地归属为如何在这个领域有所行动的问题。

可以说，叙事研究的写作并没有一个固定的样式。对于教育叙事研究而言，并没有任何强制性的规范和要求，但是如果你确实想要诠释和理解我们眼前这个现实的教育世界和生活，希望能够揭示其中真实生动的日常教育实践经验和意义，那么，以上对于叙事研究的这些一般策略和方法的基本描述，也许可以提供必要的参考。

　　同时，无论存在多少教育叙事的方法，这些方法的真正价值就在于，它们可以给我们提供在教育叙事研究中的参考。但是，就如日常教育经验总是处在一定的文化处境、思维方式和价值观念之中一样，任何方法也必然会体现自身的文化品格与特点，这种文化禀性也必将使我们的教育叙事从方法与风格上变得丰富而多彩。

第五章　作为理论探究的教育叙事

　　也许随着叙事研究规模的逐渐扩大，中国教育空间里的种种喧哗与沉默，它们之间的关系及其变化，都将被灵活生动的叙事语言记录下来，而研究者与读者对于中国教育经验的领悟与思索也必将随之变得更加丰富和深刻。但是我们还要重申，教育研究运用叙事的方法，并不仅仅是为了改变一下教育研究的样式。叙事方法是一种教育经验的呈现方式，而对于叙事的探究则实质上在于寻找一种能够更好呈现乃至穿透经验的语言方式或理论方式。我们需要找到一种合适地表达和揭示生活经验的话语方式。

　　教育学本质上是一门关于人类教育生活实践的学科，人类的生活与经验息息相关，而叙事就是人类生活经验的基本表达方式，我们总是在寻找诠释经验的理论方式。

　　　　　　叙述和讲述代表一种思想，这种思想设计人类经
　　　验的性质，设计经验怎样被学习被表达，以及如何在
　　　科学－人文这两极之间选择一条中间道路。(Connelly，
　　　Clandinin，1994a)[4046]

　　应该说，叙事研究并不仅仅体现为一种研究的方法，也是
经验意义的表达方式，更是一种思维方式。我们一方面通过叙
事来尽可能地展现教育的真实，以便使教育研究与真实的教育
经验形成内在的关联；另一方面提升叙事为教育经验的意义探
索。叙事不是一种形式或者是为了表述人类经验而附加的东西，
相反，其关注的是在生活世界中"那里究竟有些什么？"。在这
个意义上，叙事所涉及的不再是经验的表述，而是经验（包
括个体和集体经验）的本质，叙事研究提供了一种经验的理
论方式。

　　作为诠释经验的理论方式，教育叙事研究本身的基本理论
方面需要我们予以考虑。

一、人文与科学的思维方式

　　可以说，教育学和哲学、文学是不同的，哲学是思辨的学

问，文学侧重于形象思维，教育学是实践性很强的学科，必须
用适当的方式去呈现它。为什么以前我们觉得理论不够？主要
因为我们的教育研究跟着别的学科走，我们的教育研究长期处
于迷失之中，越想理论化，越做不到。今天，我们的确需要很
好地去思考怎样去寻找适合教育学这门实践性很强的学科的话
语和理论方式。

如何认识作为理论探究的教育叙事研究，首先关系到教育
研究作为人文研究与科学研究的区分，还有人文思维与科学思
维的区别和联系。

古希腊哲学家赫拉克利特（Heraclitus）认为："人不能两次

踏进同一条河流。"（北京大学哲学系，
1962）[207] 一切都处于流动和变化之中。
引申开来说，人文学科研究的是一次性
和不可重复的现象，并以这种方法来把
握个性、一次性和不可重复性。而科学
的方法是解释因果关系，即关注那些普
古希腊哲学家赫拉克利特 遍的、有规律的而且可以重复的现象以
及普遍有效的法则。

波塞尔（Hans Poser）在其所著的《科学：什么是科学》
中指出：

　　　　所有自然科学的主导思想就是力图通过发现"规律"
把握运动与变化。亚里士多德的目的论是这样，近代通过
因果性及归纳得出的所有理论亦是如此。依靠这些规律可
以从现有的条件中推导出将来的状态，并对过去曾经存在
的状态进行复原，如同自然科学中的"亨－奥模式"[①] 那
样。（波塞尔，2002）[221]

　　我们已经太习惯于用"规律"的眼光来观察一切，"这样，
我们所经历和体验的生活与追求科学性、追求客观性的学问之
间的距离便越来越大了"（波塞尔，2002）[222]。

　　以往的教育研究者以所谓的"自然科学家"（hard scientists）
的模式来进行研究，将计量当成科学的同义词，且认为任何偏
离这个模式的研究都是可疑的。但反讽的是，即使是自然科学
（如物理学和化学）家，也不像那些热心模仿他们的人那样狭
隘地界定"科学"。诺贝尔物理学奖得主布里奇曼（Percy
W. Bridgeman）对于科学方法曾有如下的主张："没有所谓的科
学方法，……科学家最为紧要的特性，只是全心全力去做，而不

---

① 所谓"亨－奥模式"，是由亨佩尔和奥本海姆提出的用以回答"为什么"问题的
科学性解释形式结构，波塞尔将其概括为："依据怎样的原始条件，按照何种定
律，产生了现象 E？"他认为，这个模式实际上由对原始条件、普遍定律以及
具体事态的陈述组成。在最简单的情况下，结论是逻辑演绎性的，在其他情况
下，也可能是或然性的或者带有归纳性质。（参见波塞尔，2002）[32]

是自我封闭。"（Dalton，1967）[60] 道尔顿也指出："许多著名的物理学家、化学家和数学家都质疑，是否有所有探究者能够或应该遵守的可再制的方法。在他们的研究中可看到他们采取不同的，且经常是不可确定的步骤来发现与解决问题。"（Dalton，1967）[60]

而诺贝尔经济学奖得主哈耶克（Friedrich A. von Hayek）在他一部重要的著作《科学的反革命》（*The Counter-Revolution of Science*）中，重点论述了社会科学家对于自然科学的误用。他认为，自然科学与社会科学，虽然都打着"科学"的旗号，但此科学却非彼科学。比如，自然科学理论常常向我们揭露常识的不可靠。但与此相反，社会科学却必须立足于常识之上。

在哈耶克看来，虽然自然科学本身及其取得的成就不可忽视，但要用自然科学的研究方法来分析社会科学且将之作为社会科学分析的唯一正确的方法则是完全错误的。他指出：

英国经济学家哈耶克

> 科学所研究的世界，不是我们的既有的观念或感觉的世界，它致力于对我们有关外部世界的全部经验重新加以组织。它在这样做时不仅改变我们的概念模式，而且抛弃

感觉性质，用另一种事物分类去代替它们……（哈耶克，
2003）[15]

也就是说，自然科学与社会科学的研究范围与对象是不同
的。人们需要借助于感觉认识外部实在，自然科学却要不断破
除人们由感觉所形成的对自然的常识性看法。因为，"科学打
破并取代我们的感觉性质所呈现的分类体系，这虽然不太为人
熟悉，却恰恰是科学所做的事情"（哈耶克，2003）[10-11]。而且，
"当科学家强调自己研究客观事实时，他的意思是，要独立于人
们对事物的想法或行为去研究事物。人们对外部世界所持的观
点，永远是他要予以克服的一个阶段"（哈耶克，2003）[16]。显然，
自然科学力图在感觉分类系统之外得出另外一种分类系统，以
便对自然做更精密和准确的解释。因此自然科学并不重视人类
的常识观念。

与之相反，社会科学则认为，"从任何意义上说，唯一能
够存在的知识，就是这些分散于不同的人中间、经常彼此不一
致甚至相互冲突的观点"（哈耶克，2003）[49]。社会科学所要研
究的"事实"都是与人有关的事实，即与人的观念有关的事实。
自然科学与社会科学的区别在于：自然科学研究人和自然或自
然本身的规律，社会科学研究人和人之间的关系；自然科学具
有"客观性"，而社会科学具有"主观性"。由此，试图用研究

恒常性的客观事物的方法来研究随时会因知识或观念改变而改变其行动的人，即用自然科学的方法来研究社会科学，是不可取的。

长期以来，人们一直认为自然科学的语言应该而且能够成为人文科学的语言，将演绎的和假设检验的研究称为科学的研究，即在量化、可观察的科学条件控制下，人们可以对社会世界做出科学的解释，得出的结论也能得到证实。由此，活生生的经验及其意义在实证主义社会科学中被排除了。量化研究者将他们的工作视为搜集人类行为的"事实"，当"事实"累积到一定的数量就可以作为一个理论的验证和阐释，使科学家得以陈述事件的原因和预测人类的行为。质性研究者并不仅仅是在搜集"事实"，他们知道人类的行为太复杂了而无法如此去做，对于原因和预测的寻求，反而会逐渐损坏他们的能力，使人类的主体性、意图以及意义等被排斥在外，尤其会影响对人类行为和经验的基本诠释性质之掌握。

所以，质性研究者之目标是对人类行为和经验进行理解，研究、表达和解释人类的主体感受（经验）。他们寻求掌握人们建构其意义的历程，并描述这些意义是什么。他们使用经验的观察，因为探究者要从人类行为的具体事件中产生对人类状况的更清楚、更深层的思考。

因为这个世界并非静止不动，它并不会与科学家的逻辑分析完全吻合，所以观察者只能以参与的方式来揭开这些逻辑的意义。任何事物都不是在观察者的想象或组织之外存在的，而他们自己的经验世界就成为非常合适的探究对象。与主张主客两分的科学实证主义者不同，质性研究者参与经验世界，正是为了更详细更生动地理解、表达社会生活的内涵。

正如米尔斯所强调的：

> 学术界最出色的思想家……从不会把工作与生活分开……，这句话的意思是说，你必须学会把自己的生活经验用到你的知识工作中去。（Mills，1959）[195-196]

当把叙事研究引入教育理论领域，教育叙事研究本身已经不同于哲学、文学和宗教的方式，而更倾向于以一种实践的方式接近教育本身并适合教育学这个实践性很强的学科本身。

二、序列与位置的时空关系

在叙事研究中，关于时间的讨论常常成为一个主题。但是，关于空间的概念却往往不见涉及。我以为，在叙事中时间和空间的关系值得关注。

布鲁纳以为：

　　叙事、推理是两个基本的、普遍的人类认知模式。……逻辑－科学模式寻求普遍真实性的条件，而叙事模式寻求事件之间的特殊联系。叙事模式中的解释包含在上下文之中，而逻辑－科学模式中的解释则是自时间与空间事件之中推断而来。两种模式都是形成意义的"理性"方式。(Bruner，1986) [118]

　　布鲁纳把叙事与推理看作两个基本的人类认知模式。逻辑－科学模式旨在寻找普遍性，因而在意义的探究中主要运用逻辑推理和演绎方法；而叙事模式则重在寻找事件之间的联系，因而在意义的探究中主要运用关系寻求和归纳方法。两者虽则都是理性的方法，但却标志了科学方法与人文方法的区别。

　　而前面提及的伯格则更倾向于肯定两者之间的相关性。关于叙事思维与科学思维的关系，伯格也指出："叙事并非与逻辑－科学模式无关；科学家在描述实验时必须用叙事，同时具有线性和序列性特征的实验可被看作具有叙事结构。"(伯格，2000) [12]

　　这种说法也许会让人产生一种疑问：具有序列性特征是否就可以证明叙事的存在？关键在于对"序列性特征"的理解。

　　怀特认为：如曼德尔鲍姆所强调的，对一组事件的序列性叙述与对同一组事件的叙事性说明并不是一回事；二者之间的区别在于前者的解释缺乏目的性。对任何事物进行的任何叙事性说明都是一种带有目的性的叙述，正因为如此，叙事性才在自然科学中受到怀疑。怀特进而认为，叙事在自然科学中根本没有地位，除非作为报告科学发现的序言；物理学家或生物学家会感到用故事讲述而非分析数据是件奇怪的事。生物学只有在不再作为"自然史"而是实践时才成为一门科学，即是说，当研究有机自然界的科学家不再努力建构关于"发生了什么"的"真实故事"，而开始寻找规律——纯粹因果的和非目的性的规律，以便说明化石的记录、喂养习俗的结果等方面的证据时，它才作为一门科学而存在。（White，1980）

怀特的目的在于说明，叙事的序列性体现为一种目的性，因而叙事就不可能像科学那样追求自然。

而对于叙事来说，一方面，叙事所包含的是一系列的事件，这种序列体现了对于事件的独特理解而且重新安排了现实世界中的时间顺序；另一方面，叙事并非仅仅因其序列而获得意义，而是因为叙事中的事件在叙事先后序列中的"位置"而变得有意义。因为，位置的安排实际上蕴含了目的性的叙事说明。如此，序列并非一个单纯的自然时间序列，而是经过重组和构建的序列，其中充分体现了作者的构建意图，尽管这种意图并非事先预设和违背基本事实的。从位置的角度再来看序列性概念，我们可以进而指出，序列不仅仅是指时间序列，也包括空间序列，乃至主题序列的多重含义。

杨义先生在《中国叙事学》一书中也指出：

> 在古中国文字中，"叙"与"序"相通，叙事常常称作"序事"。《周礼·春官宗伯·职丧》说："职丧掌诸侯之丧，及卿大夫、士凡有爵者之丧，其尽禁令，序其事。"① 这里讲的是安排丧礼事宜的先后次序。同书的《乐师》一节又说："乐师掌国学之政，以教国子小舞。……凡乐掌其序事，治其乐政。"唐代贾公彦疏："掌其叙事者，谓陈列乐器及作之次第，皆序之，使不错缪。"这里改"序事"为"叙事"，既讲了陈列乐器的空间次序，又讲了演奏音乐的时间顺序。此时所谓"序事"，表示的乃是礼乐仪式上的安排，非今日特指的讲故事，但已经考虑到时间和空间上的位置和顺序了。（杨义，1997）[10-11]

而在现代教育叙事文中，例如耿涓涓关于一个初中女教师的叙事探究、黄向阳关于一个小学校长笔记的研究和刘云杉关于一个私塾教师生活史的研究（耿涓涓，2002）[181-232]（黄向阳，

---

① 《周礼·春官宗伯·职丧》原文应为："职丧掌诸侯之丧。及卿、大夫、士凡有爵者之丧，以国之丧礼莅其禁令，序其事。"——笔者注

2002）[233-292]（刘云杉，2002）[143-173]，在叙述序列形式上并没有
固定的样式，或以时间顺序、或以学校内外顺序、或以问题方
式，教育经验与历史事实都以多元而生动的叙事样式呈现出来。

　　指出这点，是为了说明经验的呈现不等于叙事研究，尽管
叙事本身是经验呈现的最佳方式，叙事研究对于经验的表述却
是别具匠心的。这集中体现在，在叙事研究中，对于各个故事
在叙事中的构成，"位置"起着关键的作用。因此，即使是有顺
序的记述还不等同于叙事，叙事的探究所内含的意义指向，通
过叙事的时间和空间位置而呈现，讲究时间和空间位置的叙事
才能构成叙事探究。

　　还须强调，这里所谓的"空间"，不是指客观的几何空间，
而是指鲜活的经验。如借用社会学的概念可这样概括：场域或
视界的空间意象在于把过去、将来和此时此刻的体验加以关联，
从而为诠释经验提供了可能。

三、诠释与解释的不同取向

　　有关日常生活的理解与诠释必须与日常生活的性别、情境、
结构、实践特征相吻合，并透过现象，将研究对象的言语、感
受、情感与行动揭示出来。

　　邓金提出了一个颇具参考价值的叙事诠释的标准（邓金，

2004）⁸⁷。

    1．它们有没有生动地澄明经历？

    2．它们是不是建立在深度叙事基础上？

    3．它们的历史性与关系性内涵是否充分？

    4．它们是过程性、交往性的文本吗？

    5．它们是否将对于现象的了解都交代清楚了？

    6．它们与关于现象的前在理解相关联吗？

    7．它们的结构连贯吗？它们包含理解吗？

    8．它们是不是开放的？

邓金对于以上八个标准的说明如下（邓金，2004）[87-89]。

澄明：诠释必须澄明所要研究的现象，必须将现象生动地刻画出来。只有以来自生活世界的材料作为诠释的基础，才可能实现这一点，除非让普通大众自己开口说话，否则我们便无法诠释他们的经历。

深度描述材料：诠释必须以详细描写事件或经历为基础。深度描述材料的特点在于其细密性，它们在经历发生时就开始记录，并将经历置于社会情境中，它们记录思想、意义、情感与行动，而这一切又都是从研究对象的视角得来的。

历史性与关系性内涵：诠释材料必须含有丰富的历史性与关系性内涵，也就是说，它们必须描述个人经历在某一段时间里的变化，与此同时，还必须记录其中涉及的重要社会人际关系。从历史性这一标准出发，诠释材料所描述的必须是连续的交往经历片段，也就是必须将这些材料置于个体的生活史中。

过程与交往：这两个维度在材料中必须得到清晰地体现。诠释性的描述必须是过程性的、交往性的。……

清楚交代所知道的一切：研究者必须将自己对现象进行分析之后所得到的全部相关信息交代清楚，这意味着诠释者必须是个"见多识广的读者"……。这样一来，研究者就可以拉大诠释的广度，并尽力排除与诠释、理解不相关的东西。当然，这里的诠释与理解都是暂时性的，在这一时刻被认为是重要的东西，在另一时刻可能会被当成是无关紧要的东西。诠释与理解没有终点，而总是处于未完成的开放状态（对此下文还会谈及）。

前在理解：清楚交代所知道的一切还涉及将前在理解与经历诠释联系在一起这一问题。前在理解包括相关的背景信息与知识，诸如理论文献中的概念、假设和观点；之前获得的有关研究对象及其经历的信息，这一点很重要，因为研究者想去观察、倾听、叙述和诠释什么，都取决于他或她的前在理解，所以前在理解也是诠释必不可少的组成部分。忽视前在理解，就有可能把诠释引向"客观性的谬误"上去。

连贯与理解：该标准涉及的问题是诠释是否在理解个人生活经历，并把它组织成连贯的意义丰富的整体。连贯的诠释包括所有相关的信息和前在理解，它所依赖的材料必须是历史性的、关系性的、过程性的和交往性的。不仅如此，这些材料还必须以深度描述为基础。自始至终，诠释者都必须以意义丰富的方式来展开自己的诠释。在所有诠释条件都已具备的情况下，读者可以根据自己的理解决定是否同意已给出的这些诠释。

未完成的诠释：所有的诠释都是暂时性的，永远处于未完成的开放状态……。当研究者再次回到现象时，新的诠释便会产生，也就是说，诠释者总是处于诠释循环之中。当研究者重新回到现象并对它进行诠释时，他或她的前在理解将会决定他们能从现象中观察到什么，又会做出何种诠释。当然，这并不是说，诠释得不到任何结论，而是说诠释永无止境。不然的话，每开始一次新的诠释，研究者都必须把他以前的理解遗忘掉，这样就等于是说，研究者必须把自己关于现象所知道的一切都探索出来，直到

彻底弄清楚这个课题之前，都不应开始着手研究这个
课题。

由此看来，从叙事作为一种理论方式来讲，叙事是一种意
义的诠释。诠释的目标是理解，而非因果解释。在诠释与理解
的关系中，诠释是理解的基础。诠释是一种揭示事件或经验之
内在意义的过程。意义指某个人的行为与意图，包括三个维度：
（1）人与人之间的相互作用；（2）目标、事件或过程以及它们
之间的相互作用；（3）为达到目标所采取的行动，事件或过程
中发生的行为以及它们之间的相互作用。

理解则是指把握、消化作者在诠释过程中所感受、所表达
的意义（Denzin，1984）[282-284]。真诚深刻的理解来源于分享彼
此的情感与经验，这种理解是带有情感的，它是研究者真正走
入了对象的生活（经验）世界，在理解对方的生活感受时，分
享对方的内心感受，以经验分享为基础，才可能产生的真诚深
刻的理解。研究者不能把自己的理解强加在别人身上，或不愿
意倾听别人的观点，当然，更要避免误解别人的意思。

但即使同样关注现象的意义，理解也可能是一个理性的且
有一定顺序的逻辑化过程，而着重表达现象与现象之间的联系，
这种逻辑认知方式的理解只注重事实本身，常常会将情感过滤
掉。不过，在具体的研究实践中，人们很难将这两种理解区分

开来，这是因为研究对象的生活经验既包含情感方面的内容，又蕴含一定的理性特征（James，1950）[185-187]。区分的目的只是在于诠释时的方便，而事实上，只有建立在栩栩如生的深度描述的基础上，认知才是可能的。理解就是把原本互相竞争，且不完全能够予以检验的诸命题用训练有素的方式加以组织和脉络化之后获得的结果。我们之所以能够这样做，有个基本的手段，就是叙事，用故事来说出某事某物究竟是什么。相对于科学理论或逻辑证明的可检验性或可考验性，叙事的判断基准是似真性和貌似性，其构成要素是内在连贯性和实用性。

叙事的原则正是多义性。我们对于叙事不可能用因果关系来加以解释，而必须用多义性的诠释来加以理解。并且，只有深度的叙事描述才能提供诠释经验意义的可能，而只有通过意义诠释和经验分享才能达成真实的理解。因而，叙事研究本质上是一种更为开放的理论研究方式。

布鲁纳有个生动的比喻，他说：

> 你可以对一个落体做解释，因为有重力的理论可循。但当那个传奇的苹果掉到牛顿爵士的头上时，你对于他的脑袋里发生了什么事情，就只能做诠释。（Bruner，1996）[122]

他认为，解释不能穷尽诠释，诠
释也不能穷尽解释，其实正是因为解释
和诠释这两者之间的张力，构成了两个
不同的取向，并因而在知识的追寻上扮
演着不同的角色。此两者可以互相启明，
但不可相互化约。(Bruner, 1996) [112-113]
也正由于此，叙事研究才成为一种以意

英国科学家牛顿

义诠释为核心的教育经验的理论方式。可以说，叙事研究所关
注的是教育实践经验的复杂性、丰富性与多样性，同时在研究
者和读者之间开放教育理论的思考空间，引申出教育理论视域
的复杂性、丰富性与多样性。

叙事是一种思维的模式、一种意义生成的承载工具和一个
文化的表达模式，我们透过我们自己的叙事，建构我们存在于
世界的一个版本，文化正是透过它自己的叙事为它的成员提供
身份认同和行事的种种模型。因此，叙事还是一个知识组织的
结构和一个教育过程的载体。也正如布鲁纳认为的：

　　　一个教育系统必须使文化中的成长者在该文化中寻得
一套认同。如果没有的话，那些成长者就会在追寻意义的
途中绊倒。人类只能在叙事的模式中建构认同，并在文化
中找到它的位置。学校必须栽植这种模式，好好培育它，

不要再把它当作家常便饭而不加理睬。（Bruner，1996）[42]

四、前台和后台：主观与客观

很清楚，在教育叙事研究中，我们采取了与宏大叙事或思辨性研究不同的理论取向和方式，即通常人们习惯于将客观世界放在前台，主观经验世界只是为所谓客观的理论阐述提供依据，但这种经验事实的依据却是不见于理论表述之中的，因为经验事实必须经过理论的提炼。其结果是，人们看到的是形形色色的理论和观点，经验事实被置于后台，变得微不足道。以至于当人们试图呈现经验事实的时候，它往往会被认为仅仅是经验的总结或者经验的描述，而被弃于理论研究的视野之外。

当然，经验事实并不能代替理论的探索，但是纯粹的理论话语也同样难以呈现经验事实所蕴含的意义，尤其当教育学作为一种实践性很强的学科，其在理论研究上的特征就在于更好地揭示经验事实的教育意义。因此，教育叙事研究正是从教育研究的自身特征出发，主张将主观经验世界推向前台，通过经验事实的深度描述和深度诠释，呈现实践视野中的教育意义。这里，所谓的客观世界虽然被置于后台，但依然起着重要的印证作用。如果说，在教育叙事研究中，主观经验世界是主线的话，客观事实世界则是伏线，后者与前者相互印证，以保证叙

述及其意义的真实性。或者说，在教育叙事研究中，经验世界
是显性的，而客观世界是隐性的。

如此说来，也许会产生这样的疑问：教育叙事研究如此强
调人们的主观经验世界，会不会使教育研究滑向主观主义？对
此，我的回答是，教育作为一种"地方性知识"（借用格尔茨的
概念），并不是一组有限的规律、规范、原则和价值等，其不仅
与地域、时代、阶级等相关，而且与教育的本地想象相关。如
果说，教育是因地、因时和因民族而异的，那么教育的认识也
是如此。就这点来说，教育不会是只反映生活世界的被动体，
作为文化的一部分，其同样具有建设和建构的生成作用。换言
之，教育是在不同的时空中由不同的人群和个体所创造出来的，
其既是某种社会需求的产物，但也体现了特定人群和个体的文
化选择和意向，并从总体上限制着教育乃至社会的成长，规定
着教育发展的方向。因此可以说，教育不会是纯客观或纯主观
的，而是同时具有主观和客观的两种禀性。

明确以上的观点是重要的。因为这有助于我们从一些表面
上相似的教育实践活动中发现其背后的不同价值理由，而这恰
恰是教育实践活动的内在生命所在。从这一意义来说，教育叙
事研究正是按照教育实践者在教育实践活动中的意义世界去理
解他（她）的教育生活的。而且，在教育叙事研究中，主张将
主观经验世界推向前台，只是研究者所运用的理论策略，而研

究的对象却是研究者发现和欲予以诠释的客观存在。因而，所谓
主观与客观，在叙事研究中虽然性质不同，但是关系却极为密切，
两者之间保持有一种适度的紧张和张力。

五、教育学的发展路向与选择

20世纪以来，教育理论的发展常常是通过跨学科的研究而
实现的，各类教育学科分支的产生，既是教育研究视野扩展的
标志，又是跨学科研究方法在教育中运用带来的结果。多学科
或边缘学科研究已成为理论创新的新生长点。事实上，如果说
有综合学科的话，应该说没有什么学科比教育学更为综合，因
为教育学是研究与实践如何培养人的学科，有什么能够比这种
任务更为复杂而更需要运用多学科去加以研究的？如此，教育
研究想要履行教育学科本身的理论和实践使命，就必然要跨越
学科之间的疆界，从跨学科视野出发，运用多学科方法研究教
育中的政策及相关各类教育问题，来推进教育的发展和理解。
运用多学科方法进行田野研究、案例分析和叙事探究等，都在
力图推进教育尤其是中国教育的发展和理解。

然而需要强调的是，从跨学科视野出发，运用多学科方法
研究教育问题，并不能作为对于教育学自身专门学术领地和话
语体系进行探寻的回避和遁词，如何形成适合教育自身理论领

域的界限、概念范畴、知识范型和方法论，依然是教育学科本身所必须面对的问题。

　　关于教育学本身的困境，也许没有什么如同英国沃里克大学教授霍斯金（Keith W. Hoskin）所说的那样令人感到难堪。霍斯金在《教育与学科规训制度的缘起——意想不到的逆转》一文中开篇即谓：

　　　　"教育学"不是一门学科。今天，即使是把教育视为一门学科的想法，也会使人感到不安和难堪。"教育学"是一种次等学科（Subdiscipline），把其他"真正"的学科共冶一炉，所以在其他严谨的学科同侪眼中，根本不屑一顾。在讨论学科问题的真正学术

**英国沃里克大学教授
霍斯金**

著作当中，你不会找到"教育学"这一项目。（霍斯金，1999）[43]

　　他认为，其实一直为人忽视的三个教育实践方式（考试、评分、书写）以及三种教学法（研讨班、实验室、课室）的出现，建构了全新的世界。正是这些方式的不断变化，联结了权

力与知识，深入揭示了各种占有主导地位的现代权力形式和知识形式。（霍斯金，1999）[43-84]

然而，这能否提供教育学的解释呢？

拉格曼（Ellen C. Lagemann）在《一门捉摸不定的科学：困扰不断的教育研究的历史》一书中说：

美国哈佛大学教授拉格曼

许多人认为教育本身不是一门学科。的确，教育既没有独特的研究方法，也没有明确划定的专业知识内容，且从来没有被视为是一种分析其他科目的工具。但是，我把教育看作是一门受到其他许多学科和跨学科影响的一个研究领域与一门专业领域。（拉格曼，2006）[10]

看来，我们无法回避教育学自己的立场。教育学的立场需要我们自己去建立。事实上，在教育发展中，我们关注的是什么？教育是为了谁？或者说，教育理论领域的界限其实正来自其所要研究和培养的对象。

从狭义的角度来看，教育所要研究与培养的对象是学校教育中的学生。

　　从广义的角度来看，教育研究与培养的对象是处在终身学习过程中的人。

　　如果说哲学关注的是作为类的人，社会学关注现象与社会群体，那么教育学关注的问题不同于哲学和社会学。

　　教育学关注的是具有差异的学习个体，也就是具有不同认知差异、人格差异的学生。换言之，教育学的研究任

拉格曼的著作

务就是，如何通过教学让具有差异的学习个体分享和理解共同的基础知识。比如在基础教育中，我们实际上运用的知识是共同的，我们所教的是共同的基础知识，但是我们要让具有个体差异的学生去分享和理解。这才是教育最艰巨的任务，所谓因材施教，就是不能回避具有差异的学生个体的需要。在课堂上，教师每天面对的就是具有差异的学生个体。就是在一所学校当中我们也不可能把他们分成不同的阶层或群体，而且学生是未成年人，还没有正式进入社会，本身也缺乏划分的可能。

　　至于教育与社会发展的关系，我们认为社会结构和人们的自我概念相关。每个社会的知识层面是能够用人们的社会特性来解释的。换言之，个体与群体的关系决定了社会发展的本质和特性，虽然群体往往对个体的发展具有制约作用，但是个体的发展是某种平衡活动。一方面，它必须创建对自主的信念，

人有自己的意志，有选择的自由，有一定程度的可能性。但是另一方面，它还必须将个体的自我与他人的世界相联系，包括朋友、家庭、学校、群体。对他人的承诺义务联系着个人与他人，这会潜在地限制着个体的自主性。每个个体实际上不可能离开自主和义务这两者而生活，个体的生活就是努力实现这两者之间的平衡。

由此，个体的发展一直是一项公共事务、一种道德关注，更是一种教育的话题。这即是说：个体的本质和塑造实际上既是个人的，也同样是社会的。换言之，个体既要满足自身的需要，也要履行对他人的承诺和义务。所以，个体发展作为一个公共话题，其不仅仅是一种个人事务，而且有益于那些负责保持一种适当的道德秩序的机构——学校、家庭以及国家。

既然个体发展是私人活动，同样也是公共行为，我们就可以清楚，在教育学强调为个体的发展服务和为社会的发展服务的本质时，我们必须把不同个体的发展看作教育学研究的首要任务，并通过对不同个体的培养和发展，来促进社会的发展。

以往对教育学的逻辑起点究竟是"教"还是"学"，或者说是"教学"还是"学习"，可谓众说纷纭而莫衷一是。从我自身的理解来看，我以为，教育学的逻辑起点应该是"教与学的活动及其关系"。为什么这样说？以学校教育为例，没有学就无所谓教，因为教是从学出发的，由于学的需要才形成教的可能，由此也形成了教与学的活动及其关系。再者，无论学校内外有着多么复杂的各种各样的教育活动与事务，教与学的活动及其关系总是其中的核心，一切都是围绕教与学的活动及其关系而展开。

教育学正是在这点上，集中体现了个人与社会之间的关系，并形成教育自身理论领域的边界。

教育确实具有某些特点而使其理论发展面临相当的困难。其要求教育理论始终与教育实践保持紧密的联系，而不能像在科学中那样全力以赴地趋于抽象。在教育研究中，繁复的推理的结果却往往是形成了似乎符合逻辑或形式对称的学术困境。教育研究的价值在于帮助我们接近教育实践生活及其中的意义世界，从而使我们能够与教育实践对话。但是，领会实践的需要和分析实践的需要之间，形成了本质上的紧张和张力。教育理论越发展，这种张力就越是彰显，而这恰恰是教育理论发展的首要条件。这也使得教育理论所获得的理解不可能只存在于抽象的范围里。

教育理论可能的方式是如此贴近它们所依赖的实践解释，以至于一旦离开这种解释，它们就不再有多少意义，至少不那么吸引人了。因为，如果脱离理论公式的具体运用来表述它们，便会使得它们不是显得平淡，就是显得空泛。人们难以写出一部关于教育普遍理论的著作，这不是说不能写或写不出，而是即使写出来，也似乎没有多少裨益。这是因为，教育理论建设的根本任务不是整理抽象的规律，而是研究如何使实践的解释成为可能；不是超越个体或集体的经验进行概括，而是在个体或集体的经验中进行概括。我们可以让普通大众尽可能地自由谈话与表达，表达原汁原味以及日常生活中活生生的想法，因为由情境和感受汇集而成的日常生活并不会听从实验、统计、比较和因果关系的安排，相反，任何一种人类生活情境都是独特的、具有多重意味的，包括冲突、意义与沟通。教育研究所要把握的正是这些意义与矛盾的核心内容。

当然，这并不是说理论概念不重要，概念确实具有一般性和普遍性，也不是说局部、微观的研究可以与宏大事物之间产生简单化的关联，而是说教育学作为实践性的学科，其面对的实践是发展性的，因此概念就不可能一成不变，教育研究需要用实实在在的经验实践及其材料去滋养教育学的思想和理论。由此，使得教育学的众多理论概念获得可感觉的实在性，并有可能对这些理论概念进行现实而具体的思考，进行富有想象力和创造性的思考。

教育学的这种特点，也使得其与哲学有所不同，尽管它们都运用理性的方式。哲学不能够代替教育学，而教育学也不必走向哲学。这是因为，从哲学的立场出发，其旨在揭示在精神活动中人类的理解和认识的本质。而这对于实践性的教育研究是远远不够的。当我们直接置身于教育研究中的时候，看到的是大量具体的和个别的，甚至是未经省察的事实和视域。因此，教育研究需要从一般下降到特殊之中，这与哲学研究从特殊、具体提升到普遍和一般的路向正好相反。

应当说，教育的概念包含了教育的意蕴，是我们获得教育理解的重要途径，但从概念出发而研究概念，我们依然不能得知教育的实践底蕴。因此，我们可以在教育概念的引导下进入教育实践，然后在教育实践的经验世界中对概念进行具体和创造性的思考，这样一来，教育的理解及其意义便在这个过程中发生、发展了。

可以说，教育问题，首先是社会和文化的问题，理解教育活动，离不开对其镶嵌于其中的社会与文化情境的理解。我们主张把文化看作一种物质上和精神上的整体生活方式。由此认为教育作为文化传递与创造的核心，其理性的价值取向，只能是某一文化结构活动的历史地形成的产物，并且决定于这一文化结构本身的活动方向。脱离实际的文化经验与处境，只能使文化教育变成一种抽象的泛（非）文化的活动。所以，强调探究一种文化解释的教育理性，对文化经验或处境的描述仍然是必要的。对于教育应当是什么的价值判断，必须基于对某一社会文化现象的广泛比较与综合，以减少文化偏见。更重要的是，适合自身需要的教育理性及其体系，并不是完全依据社会发展水平或阶段来加以判断的。在不同文化处境中发展的教育理性，本身也是具有适切性的创造。否则，人类许许多多有意义的文化经验都将受到局限或排除。

而当我们把教育实践置于一定的文化处境中时，教育研究的文化取向就值得关注。

在教育与文化关系的探究方面，学科建设并不是研究的起始目标，就像学术界在 20 世纪 80 年代"文化热"后的反思一样，没有细致的、实证性的和个案的深入研究，任何学说的建构只能流于空泛。因此，我们在教育文化方面的方法关注，一是努力把握教育作为文化继承过程中的中介的作用，即教育对民族思想、道德、风俗、艺术乃至每一世代的认知图式等方面的文化传递功能；二是注意教育的文化诠释，即从文化处境的角度对教育现象进行文化的多样性解析；三是重视文化与教育变迁的双向作用力，即从文化对教育变迁的作用与影响来探讨教育发展的方向与内容的变化。

进而，教学是什么？教学是一种教与学双方的相互沟通的过程，也是一种价值分享的过程。如果教师不打算加入不同学生个体的不同价值分享和理解过程，只是停留在知识传授的范围，那么，在教学过程中，或者说当一个又一个的可教育时刻来临时，教师充其量只是一个教学活动的旁观者。

人类是社会性的，人与人之间需要交流与沟通，这是人类生命存在的一项基本诉求。人们通过交流分享彼此的思想，并构成人类最为基本的沟通途径。我总以为，教育教学是一种生活方式，而且是一种日常生活方式。尤其我们要研究学校教育的话，无论是教师的教学还是学生的学习都是一种生活。所以，我们如果想要了解教育，并且期望发展教育，就必须了解和理解这种以人际沟通为核心的生活方式。

然而，这不仅仅是一种平等的交流和知识共建，更重要的是由共享性思维方式的建立而促成的价值共建。我们须把教学看作一种体验的过程，即从价值与信仰、情感与作用的角度来体验思维的可能，并把这种体验作为一种媒介，使之生成于教学之中，并在教学中得到维持、发展。

而且，教育是基于价值和意义的分享而组成的，这些分享的价值和意义则构成了文化。如果我们能够共享所有的价值和意义，价值和意义的分享就能够形成凝聚力，由此产生新型的文化。不过，所有价值和意义的凝聚，首先在于理解而不横加干涉，从而使它们渐而有序。

显然，研究教育问题时，我们不能忘记教育学本身所具有的实践性特征，而必须从其内含的实践本质出发开展理论的研究。简而言之，教育研究是建立在每个个体发展的基础上，存在于对于其镶嵌于其中的社会与文化情境的理解之中。

如果把知识范型看作人们广泛推崇的生产、评判知识真理性的标准，那么无论是以辩证和逻辑为规范的社会科学，还是以实证研究和定量分析为规范的自然科学，它们能否规范教育学科？

马克思在《〈政治经济学批判〉导言》中曾指出："整体，当它在头脑中作为被思维的整体而出现时，是思维着的头脑的产物，这个头脑用它所专有的方式掌握世界，而这种方式是不同于对世界的艺术的、宗教的、实践－精神的掌握的。"（马克思，1972）[104]

掌握世界的方式，意指认识世界、反映世界以及改造世界的方式，实质为思维方法或方式。马克思认为人类掌握世界的方式，即人的精神活动方式，可以分为四种，即理论的方式、宗教的方式、艺术的方式和实践－精神方式。理论的方式，则如哲学或科学活动等；宗教的方式，如宗教和巫术活动；艺术的方式，如文学艺术活动等；实践－精神方式，则可与教育价值意识和活动相关。

当我们强调教育学本质上是一门关于人类教育生活实践的学科时，教育作为一种社会意识和思想关系，就与科学、艺术、宗教等社会意识形态和思想的社会关系一样属于社会精神生活，具有精神价值的特征。

教育作为实践精神，强调知行合一，讲究身体力行，是实践主体的一种品性，具有很强的实践性，并作为高于物质需要的精神需要，推动人们改善相互之间的价值关系。同时，教育不仅仅是价值，更是实现价值的行动，是有目的的行动。教育实践既是处理社会关系的实践，也是改造主观世界的实践，是人类实践活动的重要形式之一。教育理想是人们对崇高精神境界的设计和构思，是人们对理想社会的向往和追求，教育理想在教育实践中形成又反过来引导教育实践，教育实践努力变教育理想为现实。在这个意义上，教育作为实践精神是理想和现实的统一体。由此，教育学成为一种把握世界的特殊方式。

可以说，教育是一种以通过教学调节和指导人们的知识和行为为目的，以规范人们的知识及行为方式为内容的实践。换言之，教育学是以判断是否形成调节、指导和规范人们的知识及行为方式为内容的实践，而构成生产和评判教育真理性的知识范型。

至此可以说，教育理解的行动过程必然在于对自身的理解和与其他学科的学术对话和交流。对于教育叙事的诠释也就意味着一种尝试，诚望这种尝试能够唤起我们对于教育学科问题及其命运的真切关注。

结　　语

　　"教育叙事"已成为当前的一个热点话题，这既在意料之外，却似乎也在教育理论发展的情理之中。事实上，当初我在酝酿教育叙事研究时，根本没有想到这个名词会流行起来。因为我那时想的仍然只是自己一直以来都在关心的学术问题。在试验叙事研究之前，我主要是在运用哲学、文化学以及社会学的理论方式来研究中国教育的历史与现实，陆续探讨过"中国传统教育思想的多重理路及其相互影响""中国文化与教育""中国民间的经济生活与教育"等。但随着这些课题依次结束，在未来的学术生涯中该做点什么，便成了摆在我面前的首要问题。

　　说实话，我很想有两点改变。一是构思新的研究主题，二是在写作风格上突破常规学术话语。萌发这些意想是因为觉得自己先前所做的研究还远没有把中国教育所包含的丰富意义讲述清楚，尤其是对中国教育领域中的各种人物，他们各自有过什么样的喜怒哀乐，基本上还没有涉及。他们和我们一样，都是"以教育为生"的人，或可说都是"被教育缠住"的人。还有一点，他们和我们一样，这就是无论我们和他们曾经有过什么样的经历与感受，这些都在我们创作的教育研究作品中归于了"沉默"。

比如，我研究过儒家教育思想，用现代哲学思想来分析其中的逻辑与意义。当初我还以为，这样做能够把握儒家教育的意义。可后来将之和孔子学生写的《论语》相比，真是觉得味道几无。孔子的学生通过回忆、口述及故事的方式，"研究"了教师孔子的生活与思想。这一事实的确值得玩味，因为我也曾研究过孔子，但结果却是"大相径庭"。

由于这点"理论失落"，我想，如果有关教育的学术论文能够回到《论语》的风格，该会是一次学术新生吧。无论怎样，我的确想在中国教育研究方面做出点突破，让教育回归生活本身，具有自己独特的理论和实践的生命力。为此，我和教育科学出版社筹划出版了一份集刊《中国教育：研究与评论》。那时候我的学术朋友许美德教授也有同样的想法，而且她还作了一篇《现代中国精神：知名教育家的生活故事》。就这样，我们开始酝酿起了结合中国本土教育实践的教育叙事。

可以看出，我在 20 世纪 90 年代末期也遭遇过理论困境。只不过，苦衷不一样。当时确实有人希望能在海德格尔等人那里获得启示，也有人在抱怨理论与实践之间的分离。其实教育理论与教育实践从未出现过"真正的分离"，相反，理论不停地在以各种各样的方式对实践施加（或试图施加）影响。同样，教育理论与实践之间也根本不存在"绝对意义上的符合"。所以，关键的问题乃是思考自己的教育理论准备与实践（现实）建立起什么样的关系。这个问题当然涉及怎样看待自己的发言角色与理论使命。比如，"解释者"自然以理解实践为重，"旁观者"却可以随便批判实践，而"立法者"又是另外一回事了。

当初我虽然想酝酿教育叙事，但并没有首先写一篇宣言式的论文，交代一下到底什么是教育叙事，然后再推出相应的试验作品。之所以这样，是由教育实践的性质决定的。面对教育领域纷繁复杂的人与事，教育叙事怎么可能只有一副所谓"合格的面孔"呢？所以不如先叙再说，随着对教育经验的理解不断深入，叙事的质量自然也会逐渐提高。

当然，起码的定位还是很清楚的，这就是去接近中国教育历史与现实中所存在的各种真相。在中国教育领域，可以看到各式各样的人物、思想与行动，它们交织在一起，构成了等待我们去考察的真实事件，而这些事件的"流动性"及其复杂意义恐怕只有通过叙事的方式才能表达清楚。

　　如果叙事不仅在讲述某个人物的教育生活故事的过程中揭示了一系列复杂的教育场景与行为关系，而且"照亮"了某个人物在此教育场景中的"心灵颤动"，可以给读者一种精神震撼，那么这就是非常好的叙事了。

　　所以即使讲故事属于叙事，但在我们这里，叙事研究却绝不仅仅是讲一个或几个小故事，而借助于叙事研究提升教育理论的学术品质，更是我们的心愿。教育叙事研究一方面需要深入了解某一个教育实践现象，另一方面又要有足够的理论视角。只有这样，在叙事的过程中，才知道如何组织事件，才知道事件组织起来后能够表达什么样的理论主题。

　　思想与语言习惯的确会限制我们的视野，而人类生活经验中的许多意义也确实会被一些习以为常的理论及其表达方式遮蔽，教育经验的意义也是如此。以当代理论为例，虽然胡塞尔、海德格尔等理论家早在 20 世纪上半叶就试图调整自己的思想及表达方式，以求揭示普通个体"身不由己"地在复杂动荡的社会变迁过程中漂浮、历经沧桑之后可能会有什么样的感受，而且他们发现"诗人"的思想与语言能够帮助他们实现自己的理论新追求，但是他们终究没有跳出哲学家的思想及语言习惯。

　　我之所以观照教育与日常实践，其实是希望以更大的热情关注日常教育实践的活动策略（及其）与规范体系之间所形成的张力，进而探讨这种张力是否会趋向一种积极（良性）的自我建构。显然，从这里可以引出一系列的问题。诸如，关注谁的、何时何地的日常教育活动？其所面对的规范体系有哪些？又该如何分析日常教育活动空间中的某一群体（个人）与规范体系之间的张力？最后，日常教育实践在何种情形下才可能"会趋向积极的自我建构"，其具体表现是什么？这些问题在我的论文中都曾不同程度地提到过，我最近基本上就是在围绕这些问题来探索"日常教育实践的意义"。

无疑，通过这些问题来组织教育叙事研究，可以超越那些由于机械地套用福柯、布迪厄以及其他后现代理论家的研究结果所导致的静态理论框架，包括"知识与权力""知识与控制"等，使研究者的眼光直接落在复杂多变的教育活动上，从而揭示不同的群体或个人在教育活动过程中如何理解各自的处境，并采取行动以达到自我实现。这样，最终出现在教育叙事作品中的东西便不是各种抽象的整体性的概念，而是一个个活生生的人物及其活动、感受与愿望，它们混在一起形成的行动关系到底有何"意义"，也将随着上述一系列问题的解答而逐渐得到澄清。事实上，这一叙事目标或多或少地在我们推出的教育叙事作品中得到了体现。

我也注意到了，现在国内教育界有的人把教师写自己的教学故事当作教育叙事，并认为它是教师从事科研最好的方式，而教师不必写学者型的理论文章。有的人则是将教育叙事与教师专业发展联系起来，认为叙事研究比"行动研究"更能帮助教师反思、提高自己的专业能力。

这些都是让教师来做的教育叙事，而不是教育学者的教育叙事。作者不同，内容当然会有很大的区别。但是决不能因为存在差异而互相批判对方的叙事，相反，教师与学者应该互相学习，互相勉励。因为既然都在做教育叙事，就应该知道叙事没有止境，而不必争论这个不是教育叙事，那个才是教育叙事。只要多看看一些叙事作品，自然就知道自己还可以有怎样的提高。

所以，就教师从事教育叙事研究而言，教师完全可以有自己的叙事追求。至于如何定位自己，我想只要追求明确了，这个问题自然也会随之解决。如果只是为了完成上面布置的任务，或为了其他名利，那胡乱写点小故事便可交差。反之，教师倘若真有一股苏格拉底式的反思精神，确实是想追问自己，当教师这些年来到底都做了些什么，在从事教育的过程中坚持过什么样的良知与信念，有过什么样的痛苦与喜悦，即是想认真地审察自己的教育生活，那无疑能够写出高质量的教育叙事作品。

其实，我常常会想，要是我们都能写出一本《论语》式的叙事作品，或者说也有"自己的《论语》"，会是多么令人欣慰。像《论语》那样，开头部分讲几句教师自己的学习心得（"学而时习之，不亦乐乎"云云），接着，一段又一段地描述教师和学生在不同情境中的教学与交往故事，其中每个人都有鲜明的思想、性格与品质，从而构成一部意义丰富的教育叙事作品。

因为有着丰富的教育经历，教师确实可以书写"自己的《论语》"。相比之下，当前从事叙事研究的教育学者似乎都是在"替别人书写《论语》"。但是，无论怎样，我们都希望这两类作者不断尝试，直到写出既可以让读者体会教育生活中的各种真实经历，又能够给所有关注教育的人们带去力量与希望的叙事作品。

让教育回归生活本身，在教育生活中领悟教育的力量，使教育具有自己独特的理论和实践的生命力，这是教育叙事研究确切的追求。教育叙事的兴起，就以往的教育研究而言，确乎有些出乎意料；而从教育研究面向实践的发展来看，却似乎更符合教育理论的情理。

这里无意将叙事列为唯一合法的理论方式，也无意让它取代各种预先设定的用以"谈论"教育的宏大理论框架。实际上，只要整体性的教育革新行动仍是左右教育日常生活的核心力量，"宏大叙述"就依旧会是把握教育经验的一种理论方式。只是，在整体革新计划的落实过程中，其可能引起的行为关系却远非如知识指南般——即"宏大叙述"所想象的那样——清晰单纯。

当然，强调叙事研究也绝不是因为对"宏大叙述"失去信心而试图在理论上背道而驰。毋宁说，教育经验叙事作为另一种理论方式是为了探寻包括"宏大叙述"在内的现实（历史）教育时空中到底发生了什么，教师、学生以及其他人群是如何执行、理解各自所扮演的角色的，他们进而又编织了一张什么样的教育"意义之网"。[①] 这些活生生的经验本身是叙事始终关注的问题。从这一意义来看，所谓叙事研究其实就是要回归各种各样的教育经验，或者说教育研究的活水源头，从而将教育研究工作落实为如福柯所说的"耐心的田野劳作"，并使研究者、事件当事人以及读者在日常生活的叙事探究中理解教育经验的丰富意义，由此，使教育研究与教育实践息息相通，切实地推进教育理论研究和实践的创新。

---

① 　关于这点，我同意格尔茨对文化的看法。他认为："所谓文化就是这样一些由人自己编织的意义之网，因此，对文化的分析不是一种寻求规律的实验科学，而是一种探求意义的解释科学。"（格尔茨，1999）[5] 教育是文化发展的重要组成部分及其中介，本质上，教育的研究与文化的分析是一致的。

参考文献

鲍曼，2002. 现代性与大屠杀 [M]. 杨渝东，史建华，译 . 南京：译林出版社 .

北京大学哲学系，1962. 古希腊罗马哲学 [M]. 北京：商务印书馆 .

波塞尔，2002. 科学：什么是科学 [M]. 李文潮，译 . 上海：上海三联书店 .

伯格，2000. 通俗文化、媒介和日常生活中的叙事 [M]. 姚媛，译 . 南京：南京大学出版社 .

伯克，2006. 法国史学革命：年鉴学派，1929—1989[M]. 刘永华，译 . 北京：北京大学出版社 .

布迪厄，2003. 实践感 [M]. 蒋梓骅，译 . 南京：译林出版社 .

布迪厄，华康德，1998. 实践与反思：反思社会学导引 [M]. 李猛，李康，译 . 北京：中央编译出版社 .

布鲁纳,2001.教育的文化：文化心理学的观点 [M].宋文里，译.台北：远流出版事业股份有限公司.

布鲁纳,2006.故事的形成：法律、文学、生活 [M].孙玫璐，译.北京：教育科学出版社.

曹诗弟，2002.中国教育研究重要吗？[N].中华读书报，2002-03-30.

成伯清，2002.社会学的修辞 [J].社会学研究（5）：46-61.

道勒齐尔，2002.虚构叙事与历史叙事：迎接后现代主义的挑战 [M]//赫尔曼.新叙事学.马海良，译.北京：北京大学出版社.

德赛图，2001.日常生活实践 [M]//陆扬，王毅.大众文化研究.上海：上海三联书店.

邓金，2004.解释性交往行动主义 [M].周勇，译.重庆：重庆大学出版社.

迪尔凯姆，1995.社会学方法的准则 [M].狄玉明，译.北京：商务印书馆.

丁钢，2001—2007.中国教育：研究与评论：第 1—11 辑 [M].北京：教育科学出版社.

丁钢，2002.编者之语 [M]//丁钢.中国教育：研究与评论：第 2 辑.北京：教育科学出版社.

丁钢，2003.教育经验的理论方式 [J].教育研究（2）：22-27.

杜威，1981.杜威教育论著选 [M].赵祥麟，王承绪，编译.上海：华东师范大学出版社.

杜威，1990.民主主义与教育 [M].王承绪，译.北京：人民教育出版社.

格尔茨，1999.文化的解释 [M].韩莉，译.南京：译林出版社.

耿涓涓，2002.教育信念：一位初中女教师的叙事探究 [M]//丁钢.中国教育：研究与评论：第 2 辑.北京：教育科学出版社.

哈耶克,2003.科学的反革命：理性滥用之研究 [M].冯克利，译.南京：译林出版社.

赫尔曼，2002.新叙事学 [M].马海良，译.北京：北京大学出版社.

怀特，2003a.后现代历史叙事学 [M].陈永国，张万娟，译.北京：中国社会科学出版社.

怀特，2003b.旧事重提：历史编撰是艺术还是科学？ [M]//陈启能，倪为国.书写历史：第一辑.上海：上海三联书店.

黄向阳，2002.学校春秋：一位小学校长的笔记 [M]//丁钢.中国教育：研究与评论：第 2 辑.北京：教育科学出版社.

霍尔，尼兹,2002.文化：社会学的视野 [M].周晓虹，徐彬，译.北京：商务印书馆.

霍斯金，1999.教育与学科规训制度的缘起：意想不到的逆转 [M]//华勒斯坦，等.学科·知识·权力.刘健芝，等编译.北京：生活·读书·新知三联书店.

吉登斯，皮尔森,2001.现代性：吉登斯访谈录 [M].尹宏毅，译.北京：新华出版社.

加登纳，2005. 历史解释的性质 [M]. 江怡，译. 北京：文津出版社.

柯里，2003. 后现代叙事理论 [M]. 宁一中，译. 北京：北京大学出版社.

拉格曼，2006. 一门捉摸不定的科学：困扰不断的教育研究的历史 [M]. 花海燕，梁小燕，许笛，等译. 北京：教育科学出版社.

利奥塔尔，1997. 后现代状态：关于知识的报告 [M]. 车槿山，译. 北京：生活·读书·新知三联书店.

刘云杉，2002. 帝国权力实践下的教师生命形态：一个私塾教师的生活史研究 [M]// 丁钢. 中国教育：研究与评论：第3辑. 北京：教育科学出版社.

罗钢，2003. 前言：探索消费的斯芬克斯之谜 [M]// 罗钢，王中忱. 消费文化读本. 北京：中国社会科学出版社.

罗志田，2002. 见之于行事：中国近代史研究的可能走向：兼及史料、理论与表述 [J]. 历史研究（1）：22-40，190.

马尔库斯，费彻尔，1998. 作为文化批评的人类学：一个人文学科的实验时代 [M]. 王铭铭，蓝达居，译. 北京：生活·读书·新知三联书店.

马克思，1972.《政治经济学批判》导言 [M]// 马克思，恩格斯. 马克思恩格斯选集：第2卷. 北京：人民出版社.

麦克林，2000. 传统与超越 [M]. 北京：华夏出版社.

钱民辉，2005. 涂尔干的社会学方法论与教育研究 [J]. 西北民族大学学报（哲学社会科学版）（3）：19-24.

孙立平，2001."过程—事件分析"与对当代中国农村社会生活的洞察 [M]// 王汉生，杨善华 . 农村基层政权运行与村民自治 . 北京：中国社会科学出版社 .

汤普逊，1999. 过去的声音：口述历史 [M]. 覃方明，等译 . 香港：牛津大学出版社 .

王靖宇，2003. 中国早期叙事文研究 [M]. 上海：上海古籍出版社 .

吴钢，1995. 论教育学的终结 [J]. 教育研究（7）：19-24.

项飙，2002. 逃避、联合与表达：北京"浙江村"的故事 [M]// 中国社会科学院社会学研究所 . 中国社会学：第 1 卷 . 上海：上海人民出版社 .

许美德，2001. 现代中国精神：知名教育家的生活故事 [M]// 丁钢 . 中国教育：研究与评论：第 1 辑 . 北京：教育科学出版社 .

杨义，1997. 中国叙事学 [M]. 北京：人民出版社 .

叶圣陶，1979. 倪焕之 [M]. 北京：人民文学出版社 .

伊格尔斯，1988. 80 年代的历史学：十年回顾 [J]. 杨豫，译 . 史学理论（3）：102.

伊格尔斯，2003. 二十世纪的历史学：从科学的客观性到后现代的挑战 [M]. 何兆武，译 . 沈阳：辽宁教育出版社 .

于连，1998. 迂回与进入 [M]. 杜小真，译 . 北京：生活·读书·新知三联书店 .

周勇，2000. 论教育研究的文化学路向 [J]. 教育研究（8）：23-26，59.

周勇，2002. 经济学的叙述空间 [N]. 经济学消息报，2002-05-03.

宗白华，1981. 美学散步 [M]. 上海：上海人民出版社.

Baert P, 1998. Social theory in the twentieth century [M]. New York: New York University Press.

Barthes R, 1988. The semiotic challenge [M]. New York: Hill & Wang.

Brooks P, 1984. Reading for the plot: design and intention in narrative [M]. New York: Knopf.

Bruner J, 1986. Actual minds, possible worlds [M]. Cambridge, MA: Harvard University Press.

Bruner J, 1987. Life as narrative [J]. Social Research, 54(1):11-32.

Bruner J, 1996. The culture of education [M]. Cambridge, MA: Harvard University Press.

Carr D, 1986. Time, narrative and history [M]. Bloomington: Indiana University Press.

Cizek G, 1995. Crunchy granola and the hegemony of the narrative [J]. Educational Researcher, 24(2):26-28.

Clandinin J, Connelly M, 2000. Narrative inquiry: experience and story in qualitative research [M]. San Francisco: Jossey-Bass.

Clough P, 1994. Feminist thought, desire, power and academic discourse [M]. Cambridge, MA: Blackwell.

Connelly M, Clandinin J, 1994a. Narrative inquiry[M]// Husen T, Postlethwaite N. The international encyclopedia of education,vol.7. 2nd Edition. Oxford: Pergamon Press.

Connelly M, Clandinin J, 1994b. Telling teaching stories [J]. Teacher Education Quarterly, 21(1):45-48.

Dalton M, 1967. Preconceptions and methods in men who manage[M]// Hammond P. Sociologists at work. New York: Anchor.

Denzin N K, 1984. On understanding emotion [M]. San Francisco: Jossey-Bass.

Dewey J, 1938. Experience and education [M]. New York: Collier Books.

Feyerabend P K, 1978. Science in a free society [M]. London: New Left Books.

Foucault M, 1994. Genealogy and social criticism[M] //Seidman S.The postmodern turn: new perspectives on social theory. New York: Cambridge University Press.

Geertz C, 1973. Thick description: toward an interpretive theory of culture[M]//Geertx C. The interpretation of cultures: selected essays. New York: Basic Books.

Goodson I, Walker R, 1991. Biography, identity and schooling: episodes in educational research [M]. London: The Falmer Press.

Habermas J, 1987. The philosophical discourse of modernity [M]. Cambridge : Polity Press.

Hardy B, 1987. The collected essays of Barbara Hardy, vol. 1[M]. Sussex:

Harvester Press.

James W, 1950. The principles of psychology, vol. 1[M]. New York: Dover.

Kundela M, 1988. The art of novel [M]. New York: Grove Press.

Labov W, 1972. The transformation of experience in narrative syntax[M]// Labov W .Language in the inner city: studies in black English vernacular. Philadelphia: University of Pennsylvania Press.

Labov W, Waletzky J, 1967. Narrative analysis: oral versions of personal experience[M]// Helm J. Essays on the verbal and visual arts. Seattle: University of Washington Press.

Mills C, 1959. Sociological imagination [M]. New York: Oxford University Press.

Mills C, 1963. Power, politics and people: the collected essays of C. Wright Mills[M].New York: Ballantine.

O'Dea J, 1994. Pursuing truth in narrative research[J]. Journal of Philosophy of Education, 28(2):161-172.

Polkinghorne D E, 1988. Narrative knowing and the human sciences [M]. Albany, NY: State University of New York Press.

Richardson L, 1990. Narrative and sociology[J]. Journal of Contemporary Ethnography, 19(1):116-135.

Riessman C K, 1993. Narrative analysis [M]. London: SAGE.

Smith D E, 1993. High noon in textland: a critique of Clough[J]. Sociological Quarterly, 34(1):183-192.

Stake R E, 1978.The case-study method of social inquiry[J].Educational Researcher,7(2):5-8.

White H, 1980. The value of narrativity in the representation of reality[J]. Critical Inquiry,7(1):5-27.

索　引

人名索引

术语索引

出　版　人　李　东
责任编辑　薛　莉
版式设计　孙欢欢
责任校对　张晓雯
责任印制　叶小峰

图书在版编目（CIP）数据

声音与经验：教育叙事探究 / 丁钢著 . — 2 版 . —
北京：教育科学出版社，2020.8（2023.9 重印）
（中国教育思想文库）
ISBN 978-7-5191-2266-9

Ⅰ . ① 声… 　 Ⅱ . ① 丁… 　 Ⅲ . ① 教育研究
Ⅳ . ① G40-03

中国版本图书馆 CIP 数据核字（2020）第 128609 号

中国教育思想文库
声音与经验：教育叙事探究
SHENGYIN YU JINGYAN: JIAOYU XUSHI TANJIU

出 版 发 行	教育科学出版社				
社　　　址	北京·朝阳区安慧北里安园甲 9 号		**邮　　编**	100101	
总编室电话	010-64981290		**编辑部电话**	010-64989363	
出版部电话	010-64989487		**市场部电话**	010-64989009	
传　　真	010-64891796		**网　　址**	http://www.esph.com.cn	
经　　销	各地新华书店				
制　　作	北京浪波湾图文设计有限公司				
印　　刷	唐山玺诚印务有限公司		**版　　次**	2008 年 3 月第 1 版	
				2020 年 8 月第 2 版	
开　　本	720 毫米 ×1020 毫米　1/16		**印　　次**	2023 年 9 月第 3 次印刷	
印　　张	12.5				
字　　数	107 千		**定　　价**	32.00 元	

图书出现印装质量问题，本社负责调换。